Personelle Unternehmungsorganisation

von

Erich Potthoff

Mit 8 Abbildungen

1977

Walter de Gruyter · Berlin · New York

SAMMLUNG GÖSCHEN 2020

Dr. rer. pol. *Erich Potthoff*,
Hon. Professor an der Universität zu Köln

CIP-Kurztitelaufnahme der Deutschen Bibliothek

Potthoff, Erich

Personelle Unternehmungsorganisation. – 1. Aufl. – Berlin, New York : de Gruyter, 1976.

(Sammlung Göschen; 2020)
ISBN 3-11-005835-9

Vorbemerkung

Zwischen der Organisation einer Unternehmung und den darin tätigen Menschen gibt es enge Wechselbeziehungen. Diese Zusammenhänge werden in der Organisationsliteratur zunehmend erörtert; teilweise ist das menschliche Verhalten in organisatorischen Gebilden Gegenstand besonderer Untersuchungen geworden. Doch fehlt ein umfassender Überblick über die Vielfalt personeller Strukturen und Beziehungen im Unternehmungsaufbau und in den Arbeitsabläufen.

Das vorliegende Buch wendet sich zunächst an solche Studierenden, die von ihrem Fach her unmittelbar oder mittelbar mit der Unternehmungsorganisation befaßt sind, vor allem also die Studenten der Wirtschafts- und Sozialwissenschaften. Daneben ist der Band aber auch für die Hand der in der Praxis tätigen Führungskraft gedacht, die organisatorische Entscheidungen zu treffen hat und – direkt oder indirekt – für die Personalführung verantwortlich ist. Dem Studenten mag das hier Gebotene als Ergänzung der Theorie die notwendige praktische Anschauung vermitteln; dem Praktiker soll es den wissenschaftlich fundierten Überblick im Taschenbuchformat und damit vielleicht auch manche Hilfestellung für seine täglichen Entscheidungen geben.

Der erste Teil ist zunächst dem personellen Faktor aus der Sicht der verschiedenen Wissenschaftsdisziplinen gewidmet und handelt sodann von der Rolle des personellen Beziehungssystems. Der zweite Teil wendet sich den praktischen Einzelaspekten personeller Unternehmungsorganisation zu, so wie sie sich mir aus den Erfahrungen als Mitglied in Vorstandsgremien und Aufsichtsräten, aus der prüfenden und beratenden Berufstätigkeit darstellen; aber auch manches Jahr in der Rolle des schlicht Ausführenden kam mir dabei zugute, und schließlich habe ich mich in zahlreichen fachwissenschaftlichen Arbeiten der Diskussion gestellt. Das Manuskript ist großenteils aus meinen Vorlesungen über Personalwesen und Unternehmungsorganisation an der Universität Köln erwachsen.

Der Band steht in engem Zusammenhang mit meinem 1974 in derselben Sammlung veröffentlichten Band „Betriebliches Personalwesen“. In Einzelfragen konnte ich mich daher kürzer fassen, um den verfügbaren Umfang noch konsequenter für die hier im Vordergrund stehenden Themen zu nutzen.

Düsseldorf, im Juni 1976

Erich Potthoff

Inhalt

Verzeichnis der Abbildungen

1. Grundlagen

Die Begriffe Unternehmung und Organisation verleiten zu einer umfangreichen Diskussion, da sie vieldeutig verwendet werden. Beim Begriff der Organisation gehen wir von den wesentlichen Merkmalen aus, wie sie von zahlreichen wirtschaftswissenschaftlichen und soziologischen Autoren herausgestellt wurden. Dazu gehören einmal die Ordnung im Sinne einer bewußten Hinwendung auf die von Menschen gesetzten Ziele, zum anderen das Merkmal der Zielstrebigkeit und das Streben nach Optimallösungen bzw. nach Wirtschaftlichkeit [93, Sp. 1093]. Organisation soll in dieser Schrift sowohl instrumental – als Mittel zur Erreichung der Ziele – als auch institutionell – als eine organisierte Gruppe innerhalb eines größeren Sozialsystems – verstanden werden.

Aus der Vielzahl der organisatorischen Gebilde interessiert primär die Unternehmung in der Wirtschaft. Mit *Erich Kosiol* werden als Unternehmungen wirtschaftlich selbständige Aktionsgebilde verstanden, deren Ziel (Aufgabenstellung) in der ergiebigen Produktion von Sachgütern und Dienstleistungen besteht. Sie umfassen sowohl die technischen als auch die ökonomischen Tatbestände. Die Begriffe Unternehmung und Betrieb werden deshalb synonym verwendet [55, S. 22].

1.1 Der personelle Faktor in der Unternehmungsorganisation als Erfahrungs- und Erkenntnisobjekt der Wissenschaften

Mit der wirtschaftlichen Tätigkeit des Menschen befassen sich vor allem die Volkswirtschaftslehre und die Betriebswirtschaftslehre. In der Volkswirtschaftslehre geht es dabei in erster Linie um die Stellung der Arbeit in der Wirtschaft eines Staates, um die Arten der Arbeit und vor allem um die Arbeitsteilung und Arbeitsvereinigung. Für die klassische Betriebswirtschaftslehre spielte die Arbeit eine Rolle als Prozeß der Teilung und

Zusammenfassung von Aufgaben oder Funktionen. als Kostenfaktor in der Leistungsrechnung und als Kapazitätsfaktor für die Leistungserstellung. Nichtsdestoweniger gab es immer wieder Ansätze, den Menschen auch als Subjekt zu sehen und das Personal als Gesamtheit der in einem Betriebe vereinigten Menschen. Man erkannte schon früh, daß zu ihrer methodischen Bewältigung in der Soziologie entwickelte Verfahren heranzuziehen sind. Es hieß aber dann gleich wieder, daß die Problemstellung betriebswirtschaftlich bleiben muß [105, S. 14]. In der neueren Betriebswirtschaftslehre findet jedoch die Stellung des Menschen als Subjekt mehr und mehr Beachtung. Das gilt vornehmlich für diejenigen ihrer Vertreter, die die Betriebswirtschaftslehre auch als Sozial- oder Verhaltenswissenschaft verstehen.

In den letzten Jahrzehnten hat die Unternehmung besonderes Interesse bei den Vertretern der Wissenschaften gefunden, deren Erkenntnisobjekt der Mensch in seinen sozialen, psychischen und sozialpsychologischen Beziehungen ist. Das gilt vor allem für ihre verhaltenstheoretisch orientierten Richtungen und die neueren Entwicklungen einer Organisationstheorie. Über die wichtigsten Stationen dieser Prozesse sei nachstehend kurz berichtet.

1.1.1 Menschliche Arbeit als Gegenstand der Arbeits-, Aufgaben- und Funktionsteilung

In der Geschichte der Betriebe dürfte die menschliche Arbeit zunächst ein Schwerpunkt organisatorischer Erkenntnisse und Maßnahmen gewesen sein. Der größte Fortschritt in den produktiven Arbeitskräften und die Vermehrung der Geschicklichkeit, Gewandtheit und Einsicht, womit die Arbeit irgendwo geleitet oder verrichtet wird, scheint, so lesen wir im ersten Kapitel des berühmten Buches von *Adam Smith* aus dem Jahre 1775 „Natur und die Ursachen des Reichtums der Nationen“, eine Wirkung der Arbeitsteilung gewesen zu sein [106, S. 3]. Tatsächlich ist denn auch die Arbeitsteilung weit vor der Zeit, in der der „Vater der modernen Nationalökonomie“ lebte, eine der wichtigsten Ursachen für die wachsende Wirtschaft seit dem frühen Mittelalter. Im Handwörterbuch der Staatswissenschaften [34, S. 368ff.] unterteilt *Bernhard Harms* die gesamte Arbeitsteilung in zwei grundsätzlich wichtige Arten: berufliche und technische Arbeitsteilung. Die berufliche wird zuweilen auch als gesellschaftliche Arbeitsteilung bezeichnet. Unter der technischen Arbeitsteilung ist nach *Harms* die Zerlegung des Produktionsprozesses innerhalb eines Betriebes in einzelne selbständige Teilprozesse zu verstehen. Sie beruht auf bewußter technischer Organisation und Gestaltung des Produktionsablaufes unter dem Aspekt der Produktivitätssteigerung der Arbeit.

Die Entwicklung der Wirtschaft ist durch eine zunehmende Spezialisierung, insbesondere in den Unternehmungen, gekennzeichnet. Sie erreichte ihren Höhepunkt in der immer weitergehenden Teilung der einzelnen Arbeitsoperationen in den Fertigungsstellen bis hin zur automatischen Steuerung der zerlegten Arbeitsgänge. *Karl Bücher* (1847–1930) nennt denn diese Art der Arbeitsteilung auch Arbeitszerlegung. In Literatur und Praxis der modernen Industriegesellschaft ist hiermit der Name des amerikanischen Ingenieurs *Frederick W. Taylor* (1856–1915) eng verbunden. Als Ende vorigen Jahrhunderts in den USA der freiverfügbare Boden immer knapper wurde, die Notwendigkeit großer Kapitalinvestitionen in der Landwirtschaft wie in der Industrie Abschied nehmen ließ von der Pioneer-Frontier-Ära und die Phase der systematischen planmäßigen Entwicklung begann, konnte bei der wachsenden Kompliziertheit der Arbeitsvorgänge der Produktionsfaktor Arbeit nicht unbeachtet bleiben. Während *Adam Smith* den Tatbestand der Arbeitsteilung im nationalökonomischen Sinne zu Ende dachte, tat dies *F. W. Taylor* im technischen Bereich. „Taylor revolutionierte nicht wie Smith eine wirtschaftliche Welt. Aber indem er seinen Scharfsinn und die Einseitigkeiten, die in seiner Natur lagen, auf Arbeitsverrichtungen konzentrierte, wie sie sich täglich vor den Augen von Millionen abspielten, ohne daß jemand auf die Idee gekommen wäre, ihr Studium zum Inhalt seines Lebens zu machen, revolutionierte er die moderne Fertigungstechnik“ [32, S. 145].

Für unsere Überlegungen ist wichtig, daß *Taylor* nicht nur Grundlagen für die Ermittlung der Arbeitszeit durch analytische Zeit- und Arbeitsstudien als Grundlage eines verbesserten Lohnsystems geschaffen hat; mit seinen Arbeiten wurde gleichzeitig eine neue Organisation der Werkstattpraxis eingeleitet. Sie ist durch das Funktionssystem charakterisiert [111, S. 48]. Wenn auch *Taylor* schon die subjektiven Belange des Menschen erkannt hatte, so stand doch die Organisation der Produktionsprozesse im Mittelpunkt, bei der der Mensch primär als Produktionsfaktor gesehen wurde. „Ziel war vor allem eine Steigerung der Produktivität erster Ordnung durch eine Annäherung der menschlichen Arbeit an den Wirkungsgrad der Maschine und damit eine Erhöhung der Arbeitsintensität (intensive statt extensive Arbeit), um die Arbeitszeit verkürzen zu können. Die Grundgedanken, auf denen das Vorgehen beruhte, waren starke Arbeitszerlegung, physiologisch richtige Arbeitsausführung, physiologisch vernünftige Arbeitszeit, kürzerer Arbeitstag, unterbrochen durch Erholungspausen, leistungsfördernde Lohnmethoden“ [42, S. 411ff.].

In der Schrift von *W. Hill*, *R. Fehlbaum* und *P. Ulrich* wird die Stellung des Menschen bei *Taylor* als physiologischer Ansatz gekennzeichnet, dem das Menschenbild des homo oeconomicus zugrunde liegt. Als Variante hierzu wird der bürokratisch-administrative Ansatz genannt, wie er von *Max Weber*, *Henri Fayol*, *L. F. Urwick* und den Vertretern der deutschen klassischen betriebswirtschaftlichen Organisationslehre dargestellt wurde. Zu ihnen gehörten *Fritz Nordsieck* mit den 1934 erschienenen „Grundlagen der Organisationslehre“ [73]; *Karl Wilhelm Hennig* mit seiner ebenfalls 1934 veröffentlichten „Einführung in die betriebswirtschaftliche Organisationslehre“ [40]; 1936 erschien im dritten Buch von *W. Prion* über die „Lehre vom Wirtschaftsbetrieb“ ein von *W. Riester* bearbeiteter Teil „Die Organisation“ [91]. Ebenfalls 1936 kam *Walter Schramm* mit der von *Konrad Mellerowicz* angeregten Arbeit „Die betrieblichen Funktionen und ihre Organisation“ (Berlin) heraus [102]. Mit seiner im Jahre 1962 erschienenen Schrift „Organisation der Unternehmung“ brachte *Erich Kosiol* [54] „eine geschlossene, abstrakt-deduktive Organisationslehre, welche die organisatorischen Modelle von *Taylor*, *Fayol* und *Weber* zusammenfaßte und weiterentwickelte" [42, S. 419], heraus. Dabei ging er von einem spezifischen Organisationsbegriff aus, der als „integrative Strukturierung von Ganzheiten" umschrieben wird [54, S. 21]. Organisation ist danach als gefügehafte Ordnung der Glieder eines Ganzen, insbesondere durch den Vorgang der Integration gekennzeichnet, worunter die wechselseitige Abhängigkeit der Glieder und die gegenseitige Durchdringung ihrer Aufgaben zu verstehen ist. Während der gesamte menschliche Handlungsbereich Erfahrungsobjekt ist, bildet die formale Problematik der integrativen Strukturierung das Erkenntnisobjekt der Organisationslehre im *Kosiol*schen Sinne. Im Mittelpunkt steht die Aufgabenanalyse und -synthese.

Dieser klassische Ansatz ist auch bei den sonstigen Vertretern der Betriebswirtschaftslehre zu finden, die sich mit der Unternehmungsorganisation befassen. Ihr Erfahrungsbereich ist die Unternehmung. Dabei wird nicht immer eine so scharfe Trennungslinie zwischen der Betriebswirtschaftslehre und den Nachbarwissenschaften gezogen, wie es bei *Kosiol* zu lesen ist. Das gilt insbesondere für die neuere Zeit. Im ganzen haben sie aber, wie *Erwin Grochla* feststellt, oft nur eine relativ lose Beziehung zu den sozialen Systemen, weshalb er auch von betriebswirtschaftlich-pragmatischen Ansätzen spricht [30, S. 12]. Es seien aber zwei frühe Arbeiten aus dem ersten Viertel unseres Jahrhunderts genannt, in denen der Mensch schon eine größere Rolle spielte. Es sind die Schriften von *Heinrich Nicklisch* [71] und *Rudolf Seyffert* [104].

1.1.2 Stellung des Menschen in der neueren Betriebswirtschaftslehre

Wie wohl für die Betriebswirtschaftslehre vor dem zweiten Weltkrieg gesagt werden kann, daß sie in hohem Maße durch die Arbeiten *Eugen Schmalenbachs* geprägt wurde, ist sie nach dem zweiten Weltkrieg eng mit den Arbeiten von *Erich Gutenberg* verbunden. *Schmalenbach* sah die wichtigste Aufgabe der Betriebswirtschaftslehre darin, der Praxis zu helfen, wo es nottat. Er legte deshalb keinen Wert darauf, die Betriebswirtschaftslehre in ein geschlossenes System zu bringen und hatte selbst auch wenig Neigung, entsprechende Lehrbücher zu verfassen. Dem stehen die Arbeiten *Gutenbergs* gegenüber, die nach *Günter Wöhe* heute nicht so sehr als der Beginn einer „neuen Richtung" in der Betriebswirtschaftslehre aufzufassen sind, sondern eher als der große Schlußstein in der Entwicklung einer betriebswirtschaftlichen Theorie, „die bisher eine Anzahl von Hypothesen zur Erklärung von Einzelfragen erarbeitet hatte, nun aber erstmals auf einem systemtragenden Prinzip als geschlossenes System entwickelt wurde, und die gekennzeichnet ist durch die Rezeption und Weiterentwicklung der neoklassischen Mikroökonomie und ihrer Verbindung mit bisher in der Betriebswirtschaftslehre erarbeiteten theoretischen Lösungen von Einzelfragen aus den Gebieten der Produktion, des Absatzes und der Finanzierung" [132, Sp. 719].

Von den drei Bänden *Gutenbergs* über die Produktion, den Absatz und die Finanzierungen dürfte der erste die nachhaltigste Wirkung gehabt haben. Zentraler Ausgangspunkt seiner Theorie ist die funktionale Produktivitätsbeziehung zwischen Faktor-Einsatz und Faktor-Ertrag. Der Betrieb besteht aus den drei Teilbereichen: Leistungserstellung, Leistungsverwertung und der finanziellen Sphäre. Im ersten Band werden die Fragen der Leistungserstellung behandelt. Menschliche Arbeitsleistungen, Betriebsmittel und Werkstoffe sind produktive Faktoren, die die Elemente des Prozesses der betrieblichen Leistungserstellung darstellen (betriebliche Elementarfaktoren). Die Person oder Personengruppe, die die Vereinigung der Elementarfaktoren zu einer produktiven Kombination vollzieht, stellt einen vierten produktiven Faktor dar (Geschäfts- oder Betriebsleitung). Davon spaltet *Gutenberg* noch die beiden derivativen Faktoren Planung und Betriebsorganisation ab, so daß er zu einem System von insgesamt sechs Faktoren kommt (drei Elementarfaktoren und drei dispositive Faktoren). Die Probleme des Menschen werden einmal im Kapitel über die Bedingungen optimaler Ergiebigkeit menschlicher Arbeitsleistungen und zum anderen im Kapitel über die Geschäfts- und

Betriebsleitung und ihren Einfluß auf die produktive Ergiebigkeit der betrieblichen Leistungserstellung behandelt.

Die jüngste Entwicklung der Betriebswirtschaftslehre mit dem sogenannten entscheidungsorientierten Ansatz versteht sich als eine Synthese zwischen *Nicklischs* System, in dem die Betriebe als Gruppen arbeitender Menschen aufgefaßt werden, und *Gutenbergs* System, das auf der Produktivitätsbeziehung zwischen Faktor-Einsatz und Faktor-Ertrag beruht. Bei den zu entwickelnden Entscheidungsmodellen werden auch nichtökonomische, sozialpsychologische Einflußfaktoren beachtet. „Die psychologischen und soziologischen Forschungsergebnisse zwingen die Betriebswirtschaftslehre nicht, ihre Grundauffassung vom Menschen als einem Entscheidungssubjekt aufzugeben. Sie sind jedoch bei der Formulierung entscheidungstheoretischer Modelle des Menschen soweit als möglich zu berücksichtigen“ [39, S. 35]. Eine weitere Richtung ist die systemtheoretisch orientierte Betriebswirtschaftslehre, wobei Menschen und Sachgegenstände als Elemente bezeichnet werden. „Jeder Betrieb stellt ein soziotechnisches System dar“ [15, S. 44]. Der Schweizer *Hans Ulrich* spricht von der Unternehmung als einem produktiven sozialen System [115]. Die Menschen in der Unternehmung bilden danach zusammen mit den technischen Anlagen die dauerhaft nutzbaren, produktiv tätigen Elemente des Systems Unternehmung. Die Fragen, die in der Betriebswirtschaftslehre zu behandeln sind, sind Probleme der Gestaltung eines derartigen Systems und der Lenkung der sich darin abspielenden Prozesse. Vom Systemansatz her ist die Unternehmung ein künstlich geschaffenes Gebilde, das keinen natürlichen oder Selbstzweck hat und nur „überleben“ kann, wenn es durch seine Aktivität Funktionen für andere Systeme ausübt. Es kommt daher entscheidend auf ihre Zwecksetzung und die Unternehmungsziele an, d. h. die von der Unternehmung selbst entwickelten Absichten. Je anlagen- oder maschinenorientierter eine Unternehmung ist, desto wichtiger sind die technischen Systemelemente; die Unternehmung besteht aber ebenso aus den arbeitenden Menschen und ist deshalb auch als interpersonelles System zu sehen [115, S. 246].

Mit der systemorientierten Betrachtung wird die nur wirtschaftliche Sicht des Betriebes durchbrochen. Es gibt damit keine vorzugsweise Untersuchung irgendeines Teilbereiches; es steht vielmehr die Wechselbeziehung zwischen allen Systemteilen im Mittelpunkt des Interesses. *Norbert Szyperski* definiert die Unternehmung als sozio-technisches Handlungsgefüge, das sich an Bedürfnisstrukturen konstituiert und über diverse Strategiekombinationen konkretisiert und aktionsfähig hält. Das System Unternehmung kann nun „nach Aktivitätenklassen in die kaufmännischen, nicht-kaufmännischen Teilsysteme und in das Führungs- oder Management-System aufgespalten werden, diese wiederum in Subsysteme für die ihnen zufallenden Einzelaktivitäten: das Management-System z. B. in ein Zielsetzungs-, Planungs-, Organisations- und Steuerungssystem. Die Aktivitäten des Management-Systems sind dabei jeweils auf alle Aspekte des gesamten Problembereichs, also auf ökonomische, humane, soziale und technische Fragestellungen angelegt“ [110].

In der speziellen Unternehmungstheorie ist für die neuere Entwicklung die Betonung des personellen Faktors ebenso charakteristisch. In der herkömmlichen Unternehmungstheorie tritt die Unternehmung wie eine rationale Person auf, deren Ziel die Gewinnmaximierung ist. Man erkannte dann, daß man mit mehreren Variablen als Zielvorstellung der Wirklichkeit näherkam; im übrigen blieb es bei der Vorstellung von der Unternehmung als einem ganzheitlich handelnden Organismus, der nur auf Einflüsse aus seiner Umwelt reagiert. Demgegenüber basieren die neueren Theorien auf der Annahme, daß sich in der Unternehmung aktiv handelnde Personen befinden. *Klaus Fässler* spricht von organisationalen Modellen gegenüber den „klassischen“ holistischen Unternehmungsmodellen. Darin ist das Geschehen in einer Unternehmung grundsätzlich eine „black-box“. Lediglich der „Input“ und der „Output“ werden genauer untersucht. Organisationale Modelle beleuchten dagegen die Vorgänge innerhalb der „black-box“. Die Grundannahme besteht darin, daß wechselseitige Beziehungen zwischen den in der Unternehmung tätigen Menschen „Input“ und „Output“ determinieren [19, S. 37].

Ein bemerkenswerter neuer Ansatz ist bei *Karl Hax* zu finden, der sich im Rahmen seiner Arbeiten über die Mitbestimmung in den Unternehmungen mit den nach seiner Meinung zwei wesentlichen Theorien auseinandersetzt, die er als materiale und personale Theorie der Unternehmung kennzeichnet. Definiert man die Unternehmung als eine Zusammenfassung von Menschen und Sachen, kann das Schwergewicht auf die zusammenwirkende Gruppe von Menschen oder auf die Zusammenfassung von Sachgütern gelegt werden. „Im zweiten Falle gewinnt das Geldkapital, mit dessen Hilfe die Sachgüter beschafft werden, eine besondere Bedeutung; man könnte deshalb die materiale Theorie der Unternehmung auch als ‚kapitalistische' Unternehmenstheorie bezeichnen" ... „Die personale Theorie der Unternehmung sieht in der Unternehmung in erster Linie den Ausfluß unternehmerischer Aktivität. Die sachliche Apparatur ist, für sich betrachtet, tot; sie ist nur Mittel zum Zweck, nur sinnvoll und wertvoll im Hinblick auf unternehmerische Zielsetzungen" [37, S. 284f.]. In seinen weiteren Ausführungen macht *Hax* deutlich, wie er den Begriff des Personalen verstanden wissen will. Für ihn ist die Unterscheidung zwischen leitender und ausführender Arbeit nur eine Frage des Grades. Rein ausführende Arbeit gibt es nicht. Wo der Mensch als Produktionsfaktor eingesetzt wird, kommen zwangsläufig seine menschlichen Qualitäten zum Zuge: er denkt und entscheidet. Reine Ausführung gibt es demnach nur bei der Maschine.

1.1.3 Stellung des Menschen in der neueren Organisationstheorie

Für den klassischen Ansatz der betriebswirtschaftlichen Organisationslehre stellt die Unternehmungsorganisation ein System von Regelungen dar, eine integrative Strukturierung von Gesamtheiten. Der Mensch spielt hierin eine Objektrolle. Für die neueren Organisationstheorien ist typisch, daß sie den Menschen als Subjekt in ihre Betrachtung einbeziehen und schließlich die Unternehmung selbst als soziales Gebilde sehen. Die soziologische und sozialpsychologische Fragestellung wird integraler Bestandteil einer umfassenden Organisationstheorie.

Aus den Experimenten in den Hawthorne-Werken der Western Electric Company in den Jahren 1927 bis 1932 (unter der Leitung der Harvard-Professoren *Mayo* und *Roethlisberger*) erkannte man die Einflüsse aus den psychologischen und sozialen Bedingungen der menschlichen Arbeit. Sie führten zur systematischen Pflege der zwischenmenschlichen Beziehungen (human relations). Sie bildeten insoweit eine Ergänzung zur technologisch oder formal strukturell ausgerichteten Betrachtungsweise der menschlichen Arbeit, als sie den subjektiven Faktor der Arbeitszufriedenheit miteinbezogen. Wenn sie damit auch einen ersten wichtigen Beitrag zur Förderung der „sozio-emotionalen Rationalität" der Organisation leisteten, stießen sie doch wegen einer zu überbetonten Berücksichtigung der psychologischen Faktoren auf Kritik. Ihr ganzer Ansatz „ging von einer einseitigen Grundhypothese aus, die schlagwortartig als ‚Leistung dank Zufriedenheit' bezeichnet werden kann" [42, S. 424].

Demgegenüber sah *Chester I. Barnard* (1886–1962), der zu den Begründern der verhaltensorientierten Organisationslehre gehörte, in jeder Organisation ein System kooperativer Handlungen von zwei oder mehr Personen, wobei die physikalischen Bedingungen, die soziale Umwelt, die Anzahl und die Art der handelnden Menschen sowie ihre Beziehungen zu einer Organisation die jeweils verschiedenen Aspekte der Kooperation bilden [5, S. 76]. In diesem Sinne entsteht eine Organisation, wenn Personen vorhanden sind, die miteinander in Kontakt treten und bereit sind, an Handlungen mitzuwirken, und wenn sie danach streben, ein gemeinsames Ziel zu erreichen. In den Unternehmungen der Wirtschaft umfaßt die Kooperation alle unmittelbar und mittelbar Beteiligten. So gibt es gemeinsame Anstrengungen in der Behandlung der Mitarbeiter und Kunden, die in ihrer Zielsetzung einander entsprechen.

Es sei auf Maßnahmen der Werbung hingewiesen, die nicht nur nach außen, sondern im Sinne einer innerbetrieblichen Werbung nach innen gerichtet sein können. Das Verhalten wird dabei verstanden als Reaktion auf Anreize, die das Individuum beeinflussen. Für *Barnard* ist die Dauerhaftigkeit jeder Kooperation von zwei Bedingungen abhängig: von ihrer Wirksamkeit und von ihrer Leistungsfähigkeit. Die Wirksamkeit bezieht sich auf das Erreichen des Kooperationsziels, das seiner Natur nach sozial und nicht persönlich ist. Leistungsfähigkeit oder Effizienz ist als Funktion der Befriedigung individueller Motive zu verstehen. In der Organisationstheorie führt dieser verhaltenstheoretisch-orientierte Ansatz zu weiteren Untersuchungen, die von Fragen der Psychologie, Sozialpsychologie und Soziologie beeinflußt wurden.

Die von *Maslow*, *Herzberg* und anderen entwickelten Theorien der Motivation lassen sich dahingehend zusammenfassen, daß sie „das vereinfachte Menschenbild der human relations, das den Menschen erst als soziales Gruppenwesen sah, ersetzt haben durch die Vorstellung eines sich entfaltenden Menschen, in dessen Motivationsstruktur in verschiedenen Phasen unterschiedliche Bedürfnisse dominant sind" [42, S. 426f.]. Weitere Untersuchungen befaßten sich mit dem Individualverhalten in Kollektiven und dem Verhalten von Kollektiven selbst. Ergebnisse über Gruppenkohäsion, Gruppendynamik, Konflikte, Kommunikationsstrukturen u. a. wurden zum Teil im Rahmen der Kleingruppenforschung gewonnen. Im Rahmen sozialpsychologischer Forschungen stehen bei der Analyse des Verhaltens die kognitiven Prozesse des Individuums besonders im Mittelpunkt [107, S. 24]. Kognitive Prozesse sind jene Prozesse, die als Reaktion auf einwirkende Anreize (stimuli) im Individuum ablaufen. Die darin enthaltene Information wird zu einer Entscheidung über die zu verwirklichende Verhaltensweise verarbeitet. Kognitive Prozesse sind also Informationsverarbeitungsprozesse; sie werden vom individuellen Psychosystem gesteuert. Dazu gehören die Bedürfnisse, die das Individuum mit seinen Reaktionen auf Anreize befriedigen will, Einstellungen und Erwartungen sowie Kenntnisse und Fähigkeiten [41, S. 61]. Das von *W. Hill* u. a. dargestellte Grundmodell des individuellen Verhaltens möge die knappen Ausführungen hierzu veranschaulichen [41, S. 58] (Abb. 1).

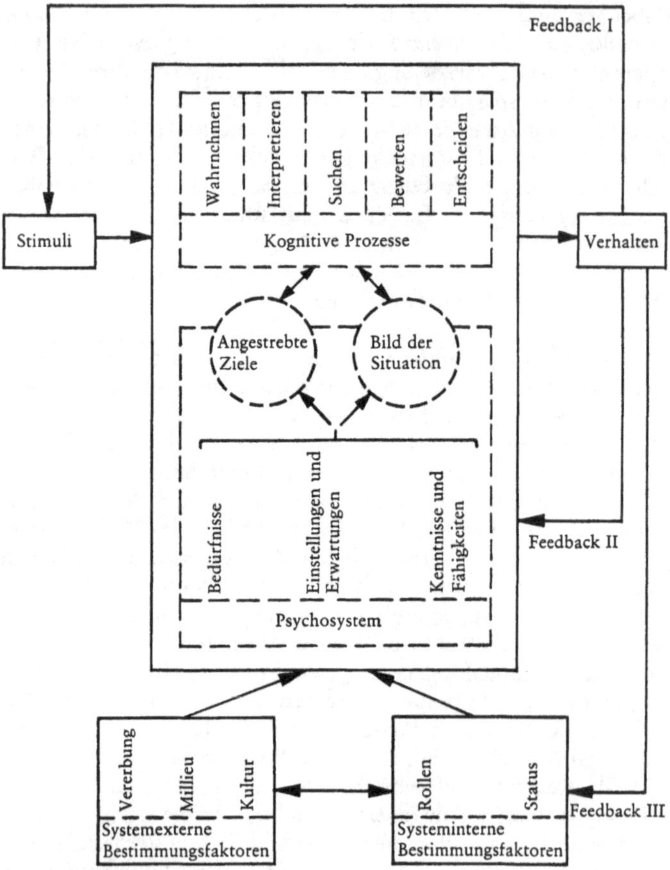

Abb. 1. Modell des individuellen Verhaltens

Zur Analyse der Entwicklungsstufen der Organisationstheorie wird bemerkt [42, S. 434], daß der verhaltenswissenschaftliche Ansatz Probleme der organisatorischen Gesamtstruktur vernachlässige, da er vom Individuum ausgeht. Die Verbindung stelle das systemorientierte Denken dar, das insbesondere von der Organisationssoziologie entwickelt wurde. Sie hat den institutionellen Organisationsbegriff stets als zielgerichtetes soziales System verstanden [67, Sp. 1222]. Wie Schule, Kirche, Familie u. a. ist der Betrieb eine soziale Institution, auf deren Struktur sich die Begriffe und Theorien der allgemeinen Soziologie anwenden lassen [11, S. 13]. In soziologischer Sicht stehen nicht die Aufgaben im Mittelpunkt, sondern die mehr oder weniger stabilen Handlungssysteme, „in denen das faktische Verhalten durch eine Struktur von besonders herausgehobenen formalen Erwartungen geordnet ist" [61, S. 29]. Es geht also nicht um einzelne Personen oder Personengruppen, sondern um bestimmte Beziehungs- oder Interaktionsmuster zwischen Stellen, deren Inhaber wechseln können. Die Unternehmung ist als soziales System Teil übergeordneter sozialer Systeme (Umwelt).

In den neueren Organisationstheorien sind weitere theoretische Ansätze — entscheidungsorientierte, informationssystem-orientierte und systemtheoretisch-kybernetisch-orientierte Ansätze — entwickelt worden. Sie unterstellen die Unternehmung als soziales System, differenzieren aber in der jeweils gewählten speziellen Betrachtungsweise [30, S. 15f.]. Wir können daher auf ihre genauere Darstellung verzichten. *Grochla* hat aus systemorientierter Sicht das gegenwärtige Wissen über die Unternehmungsorganisation nach dem heutigen Stande systematisch dargestellt mit dem Ziel, eine integrierte Organisationstheorie für die Unternehmung zu entwickeln. Dabei will er zu einem umfassenden Aussagensystem kommen, welches eine einheitliche Beschreibung, Erklärung und Prognose der Eigenschaften und Verhaltensformen komplexer Mensch-Maschine-Systeme zu geben vermag. Im Konzept der allgemeinen Systemtheorie sieht er eine Grundlage für die Entwicklung einer umfassenden, interdisziplinär orientierten Organisationstheorie, in deren Mittelpunkt die Integration von Verhaltensvariablen sowie technischen und ökonomischen Dimensionen stehen [29, S. 149].

1.1.4 Neuere Organisationsmodelle

Aus der Vielzahl organisationstheoretischer Forschungen seien nachstehend einige Modelle wiedergegeben, die einen Überblick darüber geben, in welcher Richtung die überkommenen Organisationsstrukturen weiterentwickelt werden. Sie sind eine Auswahl im Hinblick auf das Thema der vorliegenden Arbeit, die sich speziell mit den personellen Fragen der Unternehmungsorganisation befaßt.

(1) *Das Konzept der overlapping groups von Likert*

Likert geht von der Notwendigkeit aus, das gestiegene Bedürfnis des einzelnen nach Selbständigkeit sowie den Trend zu stärkerer Kooperation in einem Organisationsmodell zu berücksichtigen [59, S. 40]. Zentrales Element der Organisationsstruktur ist die Arbeitsgruppe, die auch den jeweiligen Vorgesetzten der Gruppe mitumfaßt [59, S. 103]. Vorgesetzte einer Gruppe bilden mit Vorgesetzten anderer Gruppen wiederum eine eigene Gruppe. Horizontal sind die Gruppen dadurch verknüpft, daß ein beliebiges Mitglied der Gruppe gleichzeitig Mitglied einer anderen Gruppe in der gleichen Hierarchie-Ebene ist. In vertikaler Richtung wird diese Funktion von den Vorgesetzten wahrgenommen [59, S. 111ff.]. Bei Entscheidungen sind alle Mitglieder einer Arbeitsgruppe beteiligt [59, S. 109f.]. Zentrales Prinzip ist die Forderung, daß das einzelne Mitglied möglichst viele Ereignisse und Beziehungen in der Organisation als positiv für den Wert und die Bedeutung seiner eigenen Persönlichkeit empfindet, was durch das Konzept der sogenannten „unterstützenden Beziehungen" angestrebt wird [59, S. 101f.].

Ziel des Konzepts ist sowohl eine Erhöhung der Arbeitsproduktivität als auch eine Verbesserung der Qualität der Entscheidungen. Gleichzeitig soll die Loyalität und die Motivation der einzelnen Organisationsmitglieder erhöht werden. Voraussetzung ist allerdings, daß eine gewisse Übereinstimmung zwischen den Zielen der Organisation und den Zielen der einzelnen Gruppenmitglieder vorhanden ist [59, S. 113f.].

(2) *Das organische Modell von Burns und Stalker*

Anlaß für die Entwicklung dieses Modells war die Erkenntnis, daß starre bürokratische Organisationsformen zur Bewältigung von stark unterschiedlichen und ungleichförmigen komplexen Problemen weniger geeignet sind [9, Anhang S. X].

Das System zeichnet sich durch kollegiale Führung sowie durch funktionale Autorität aus, d. h., Autorität hat jeweils derjenige, der gerade am besten über das zu lösende Problem Bescheid weiß [9, S. 153]. Darüber hinaus sind die Mitglieder der Gruppe hinsichtlich der Problembewältigung frei, wie überhaupt sämtliche Beziehungen nur wenig formalisiert sind. Auffallend bei diesem Modell ist die ausgesprochene Übereinstimmung zwischen „formeller" und „informeller" Struktur [66, S. 147].

Durch diese Organisationsform soll eine erhöhte Flexibilität bei der Anpassung an unterschiedliche Probleme und damit eine größere Rationalität bei der Findung und beim Treffen von Entscheidungen erzielt werden [9, Anhang S. X]. Wesentliche Voraussetzung der Anwendung dieses Konzepts ist eine „professionelle Orientierung" der Mitglieder einer Gruppe. Es muß sich also hierbei um Personen handeln, die über komplexe Fähigkeiten verfügen, die durch eine systematische Ausbildung auf der Grundlage eines theoretisch fundierten Berufswissens erworben wurden [66, S. 18].

(3) *Das Colleague-Modell von Golembiewski*

Die offensichtlichen Schwächen des Stab-Linien-Systems, vor allem Konflikte zwischen Stab und Linie, haben *Golembiewski* zu der Entwicklung dieses Systems veranlaßt. Das System kann in allen Ebenen des Managements zur Anwendung kommen, lediglich für rein ausführende Tätigkeiten ist es nicht geeignet [9, Anhang S. XI].

Eine colleague-group besteht aus allen Personen, die – direkt oder indirekt – an einer Aufgabe mitarbeiten. Sämtliche Untergebenen der colleague-group bilden zusammen mit dieser ein colleague-team. Problematische Entscheidungen trifft die colleague-group, bei Uneinigkeit entscheidet die nächsthöhere colleague-group [9, Anhang S. XI].

Das System ist insbesondere dadurch gekennzeichnet, daß verschiedene soziale und psychische Bedingungen für die Erbringung von Leistungen mitberücksichtigt werden. Ein weiteres wesentliches Merkmal des Systems ist die Ausrichtung der Organisationsstruktur am Arbeitsfluß und nicht an Funktionen. Durch diese beiden genannten Merkmale des Systems soll eine Erhöhung der Arbeitszufriedenheit, vor allem eine Steigerung der Arbeitsproduktivität und der Effizienz von Entscheidungen erreicht werden [9, Anhang S. XI].

(4) *Das Task-force-Prinzip*

Diesem Organisationsprinzip liegt der Gedanke zugrunde, die Trennung von Verantwortung einerseits und Entscheidung andererseits, wie sie etwa im Stab-Linien-System verwirklicht ist, zu vermeiden. Als Anwendungsbereich kommen obere und mittlere Management-Ebene in Frage [9, Anhang S. XI]. Sämtliche Organisationsmitglieder, die potentiell zur Lösung eines Problems beitragen können, bilden eine Gruppe, die Task-force, und entscheiden schließlich auch selbst über die Lösung der anstehenden Probleme. Übergeordnete Instanzen haben ein Veto-Recht. Wird von dem Veto-Recht Gebrauch gemacht, tritt eine Schieds-Instanz in Aktion.

Primäres Ziel ist die optimale Ausnutzung des vorhandenen Informations-Potentials und damit eine Erhöhung der Qualität beim Finden und Treffen von Entscheidungen [49, S. 218ff.). Zusätzlich soll formal nicht legitimierte Macht – wie etwa in Stabsstellen – abgebaut werden. Der Unterschied zu Projektgruppen besteht darin, daß die Mitglieder der Task-force weiterhin mit ihren laufenden Aufgaben befaßt bleiben. Sie arbeiten also nicht ausschließlich an den Problemen der Task-force, sondern finden sich lediglich fallweise zur Problembewältigung in einer Task-force zusammen [133, S. 45].

(5) *Das norwegische Modell der sich selbst steuernden Teilgruppen*

Ausgangspunkt der Entwicklung dieses Modells war die Unzufriedenheit mit Arbeitsbedingungen, vor allen Dingen hinsichtlich der fehlenden Beteiligung von Arbeitnehmern an

Entscheidungsprozessen. Das Modell kann erfolgversprechend vor allem in Sachleistungsbetrieben im Bereich der Arbeiter eingesetzt werden [7, S. 78].

Es werden sich selbst steuernde Arbeitsgruppen gebildet, die ohne direkte Vorgesetzte sind und kleinere Entscheidungen selbst treffen können. Nach Möglichkeit soll innerhalb der Gruppe das Prinzip der Arbeitsteilung aufgehoben sein [9, S. 126]. Ein gewähltes Mitglied der Gruppe ist für die Koordination und die Kommunikation innerhalb der Gruppe sowie mit anderen Gruppen bzw. anderen Stellen zuständig [7, S. 39f.]. Dadurch, daß hier über die Mitbestimmung hinaus eine Selbstbestimmung der Arbeitnehmer realisiert wird, fallen auch die üblicherweise getrennten Bereiche Arbeitsplanung und Arbeitsausführung zusammen [7, S. 81].

Die zwei zentralen Ziele dieser Organisationsform sind einerseits die Erhöhung der Arbeitszufriedenheit und andererseits die Leistungssteigerung, d. h. die Erhöhung der Arbeitsproduktivität [7, S. 64]. Die bisherigen praktischen Erfahrungen mit diesem Modell zeigen, daß individuelle und kollektive Interessen in diesem Fall durchaus miteinander harmonieren können [7, S. 82].

Das Modell hat zur Voraussetzung, daß sowohl die Fähigkeit als auch der Wille der Organisationsmitglieder zur aktiven Beteiligung vorhanden sind. Außerdem werden an den Ausbildungs- und Informationsstand der Mitglieder relativ höhere Anforderungen gestellt, so daß gerade im Bereich Ausbildung zusätzliche Anstrengungen erforderlich sind [7, S. 81].

1.2 Individuum und Organisation

In der formellen Strukturierung der Unternehmung wird der Mensch nicht als konkrete Person mit Leib und Seele gesehen, sondern als eine Kategorie, als typisierte, auswechselbare Leistungseinheit verstanden, gleichsam als personifizierte Stelle, der die Vorstellung vom homo oeconomicus zugrunde liegt. *Barnard* unterschied bei der Zielsetzung oder dem Zweck einer

Organisation zwischen dem kooperativen und dem subjektiven Zweck. Analytisch gesehen ist für ihn daher jedes Mitglied einer Organisation eine zweifache Person: eine Organisationspersönlichkeit und eine individuelle Persönlichkeit. Werden für ein Unternehmen Ziele formuliert, so wird die Organisationspersönlichkeit im einzelnen Mitarbeiter der Unternehmung angesprochen. Genau genommen hat aber das Ziel der Organisation für das Individuum keine direkte Bedeutung. Wichtig sind nur die Beziehungen, z. B. zwischen Unternehmung und Mitarbeiter, etwa welche Belastungen ihnen zugemutet und welche Vorteile geboten werden. Nach *Barnard* wird in theoretischen Erörterungen über Organisationen zu häufig unterstellt, daß der allgemeine Zweck und das individuelle Motiv identisch sind oder es doch sein sollten. Von Ausnahmen abgesehen, ist das jedoch niemals der Fall; unter modernen Bedingungen sind sogar die Ausnahmen fraglich. Sie sind dann gegeben, wenn die Erfüllung eines organisatorischen Zwecks selbst zur Quelle persönlicher Befriedigung und zum Bedürfnis für viele Menschen in der Organisation wird [5, S. 82].

Der hier skizzierte Spannungszustand ist für den Soziologen Ausdruck der beiden Aspekte einer jeden sozialen Institution, die ein Doppelgesicht hat. Sie ist einerseits als integriertes Sozialsystem zu betrachten, zu dessen Funktionieren jedes einzelne Element einen Beitrag leistet, trägt andererseits aber den Keim zu Gegensätzen und Konflikten in sich, die ihrerseits Veränderungen der Struktur hervorzurufen in der Lage sind. So ist für den Soziologen jeder Betrieb als Sozialsystem einmal ein reibungslos funktionierendes Gefüge von Elementen. Aber „der Betrieb ist auch ein Zwangsverband, also ein höchst explosives Gebilde, das nur durch die stets prekäre Ausübung von Autorität zusammengehalten wird. Innerbetriebliche Konflikte sind nicht das Ergebnis bestimmter historischer Konstellationen oder individueller Gegensätze, sondern sie gehen mit einer gewissen Notwendigkeit aus der Sozialstruktur des Betriebes selbst hervor“ [11, S. 13]. Betriebliche Konflikte sind daher auch von den Eigentumsverhältnissen in der Unternehmung prinzipiell unabhängig.

1.2.1 Gleichgewicht der Interessen

Aus der Unterscheidung nach individueller und Organisationspersönlichkeit ergibt sich die Notwendigkeit, z. B. zwischen den Interessen der Unternehmung und den persönlichen Wünschen der in ihr Tätigen, das Gleichgewicht zu halten. Freilich ist zu bedenken, daß die Menschen niemals allein durch materielle oder finanzielle Überlegungen veranlaßt werden können, ihre Kraft einem kooperativen System zur Verfügung zu stellen, damit es dauerhaft leistungsfähig bleibt. Eine Organisation hängt ebenso von der Bereitschaft der Menschen zur Zusammenarbeit und von ihren Leistungen dafür ab. Beim Grad der persönlichen Anstrengungen kann zwischen Anreizen persönlicher, nicht materieller Art, guten physischen Arbeitsbedingungen, ideellen Werten und nicht zuletzt der sozialen Attraktivität der Unternehmung unterschieden werden. Das Beziehungssystem ist sehr differenziert. Verschiedene Menschen werden von verschiedenen Anreizen oder Kombinationen von Anreizen angezogen, und diese wirken zu verschiedenen Zeiten verschieden.

Das Gleichgewicht der Interessen ergibt sich aus der Notwendigkeit, daß der Betrieb als Sozialsystem reibungslos funktioniert. Unter diesem Gesichtspunkt gilt es, die Organisationsform zu erhalten und die Elemente zu einem Ganzen zu integrieren; ebenso ist es notwendig, eine Übereinstimmung in den Richtungen des Interesses und Verhaltens aller Betriebsmitglieder herbeizuführen [11, S. 16]. Wenn *Ralf Dahrendorf* im Betrieb auch Strukturen betrieblicher Konflikte sieht, betont er gleichzeitig ebenso deutlich, „daß Konflikt und Wandel keineswegs eine Krankheit der sozialen Institutionen sind, eine Abweichung von ihrem Normalzustand, sondern diesen erst Leben und Zukunft verleihen, daß sie daher genauso zu jeder Gesellschaft gehören und gehören sollen wie Eintracht und Beständigkeit, was ohne jede Einschränkung auch für den Betrieb gilt. Der konfliktträchtige Zwangsaspekt bezeichnet keineswegs das ganze Gesicht des Betriebes, und diejenigen, die in ihm nur den Zwangsverband sehen, irren daher ebenso wie die, die den Betrieb ausschließlich als integriertes Sozialsystem betrachten.

Beides, Integration und Zwang, Stabilität und Wandel, Kooperation und Konflikt, durchzieht neben- und miteinander alle Strukturen des Betriebes“ [11, S. 46]. Auch wenn man – wie *Helmut Schelsky* – die Unternehmung in dem grundlegenden Spannungsfeld zwischen der sozialen Isoliertheit des Betriebes unter rein wirtschaftlich-technischen Leistungsgesichtspunkten einerseits und den Bemühungen zur sozialen Eingliederung und Durchgliederung des Betriebes durch außer- oder innerbetriebliche soziale Maßnahmen andererseits sieht, gilt es, den Ausgleich zu suchen. „An dieser Spannung leidet unsere industrielle Welt, sie ist aber andererseits auch ihre niemals aufzugebende Energie- und Leistungsgrundlage“ [99, S. 185].

1.2.2 Motivation und Motivationstheorien

Mit dem Begriff Motivation wird in der Psychologie das komplexe Zusammenspiel vielfältiger Beweggründe konkreten Verhaltens gekennzeichnet. Der Ausdruck Motivationsstruktur wird verwendet, wenn ein relativ stabiles Gefüge von Ziel- und Wertvorstellungen im Menschen oder in einer Gruppe vorhanden ist. „Von einem Motiv spricht man, wenn man einen isolierten – zunächst noch nicht aktualisierten – Beweggrund des Verhaltens herausgreift wie Durst, Hunger, Machtbedürfnis usw.“ [95, S. 21]. Motive oder auch Antriebe sind Gewohnheiten, Interessen und Bedürfnisse jeder Art. Sie können von kurzer Dauer oder auch eine Grundeinstellung sein. Die sich in neuester Zeit entwickelnde „Organisations-Psychologie“ befaßt sich speziell mit der hier skizzierten Problematik. Diese Teildisziplin der Psychologie steht vor nicht geringen Schwierigkeiten, die für ihre Arbeit wesentlichen Tatbestände zu definieren und genauer zu erforschen. Allgemein kann gesagt werden, „daß die Motivation eines Individuums zu tun hat 1. mit der Richtung – oder wofür es sich entscheidet, wenn ihm eine Anzahl möglicher Alternativen gegeben wird, 2. mit der ‚Amplitude‘ – oder Stärke der Antwort (d. h. des Tätigwerdens) – wenn eine Entscheidung einmal getroffen ist, und 3. mit der Ausdauer im Verhalten, d. h. wie lange es das Verhalten beibehält. Unter dem Begriff ‚Motivation‘ wird eine

Reihe von anderen Variablen wie Drang, Notwendigkeit, Ansporn, Belohnung, Erwartung usw. subsumiert" [10, S. 158].

Es gibt viele Versuche, den Verhaltensprozeß zu erklären und zu beschreiben, die Natur der Bedürfnisse oder Triebe zu bestimmen, die das einzelne Individuum antreiben, welche Anreize sie zu bestimmten Handlungen veranlassen. Am bekanntesten sind die Theorien einiger Amerikaner. *H. A. Murray* hat eine größere Zahl von Grundbedürfnissen aus klinischen Erfahrungen und Beobachtungen entwickelt. Hierauf aufbauend haben *Mc Clelland* und *Atkinson* mit ihren Mitarbeitern versucht, diese Vorstellungen weiter zu entwickeln. Für sie waren besonders drei Bedürfnisse wichtig: (1) das Bedürfnis nach Erfolg, (2) das Bedürfnis nach Anerkennung und (3) das Machtbedürfnis. *A. H. Maslow* unterscheidet fünf hierarchisch geordnete, besonders wichtige Motive:

(1) Menschliche Grundbedürfnisse
(2) Sicherheitsbedürfnisse
(3) Bedürfnisse nach mitmenschlicher Zuwendung
(4) Bedürfnisse nach Anerkennung
(5) Bedürfnisse nach Selbstverwirklichung.

Die Abstufung besagt, daß die Bedürfnisse einer Ebene, z. B. die Sicherheitsbedürfnisse, erst dann das Verhalten des Menschen zu bestimmen beginnen, wenn die Bedürfnisse der untergeordneten Ebene, also die menschlichen Grundbedürfnisse, hinreichend befriedigt sind. Wie für viele andere Motivationstheorien gilt auch das *Maslow*-Konzept als bis heute zu wenig abgesichert. „Nach allem scheint die Vermutung zuzutreffen, daß die Hierarchie-Hypothese von Maslow zu einfach ist, als daß sie zur Ordnung der Bedürfnisse verwendet werden kann" [6, S. 76].

Der theoretische Versuch, Bedürfnisklassen zu bilden, bedeutet natürlich, daß jeweils mehrere Einzelbedürfnisse zusammengefaßt werden. Das gilt auch für die Motivationstheorien, die zu einer geringeren Zahl von Bedürfnisklassen oder Gruppen kommen. So kommt *C. P. Alderfer* zu einer Bedürfnisklassifizierung in drei Gruppen: Existenzbedürfnisse, interpersonelle Beziehungsbedürfnisse, individuelle Wachstumsbedürfnisse. Eine auf die Zweiteilung der Bedürfnisse zurückgehende Klassifizierung ist die Unterscheidung nach einerseits biologisch bedingten und andererseits sogenannten „höheren" Bedürfnissen. Letztere werden dann zum beherrschenden Handlungsmotiv, wenn die biologisch bestimmten Bedürfnisse befriedigt sind [41, S. 69]. Eine in der deutschen Literatur oft zitierte Theorie ist die Zweifaktorentheorie oder Dualitätstheorie von *F. Herzberg*. In seinen Untersuchungen verfolgte er das Ziel, die Faktoren aufzufinden, die die Zufriedenheit oder Unzufriedenheit von Menschen mit ihrer Arbeit bestimmen. Er stellte in seinen Thesen zwei Klassen von Arbeitsmotivatoren heraus, extrinsische und intrinsische Faktoren.

Extrinsische Faktoren:
- Zahlung und Gehaltserhöhung
- Technische Leitung oder einen kompetenten Vorgesetzten haben
- Qualität der menschlichen Beziehungen im Leitungsverhältnis
- Unternehmerpolitik und -verwaltung
- Arbeitsbedingungen oder die physische Umgebung
- Arbeitsplatzsicherheit.

Intrinsische Faktoren:
- Leistung oder: eine wichtige Aufgabe erfolgreich vollenden
- Anerkennung oder: durch Lob herausgestellt werden
- Verantwortung für die eigene oder die Arbeit anderer
- Vorwärtskommen oder den Status durch Beförderung verändern.

„Die intrinsischen Faktoren werden als von der Beziehung des Individuums zur Arbeit selbst abgeleitet angesehen. Ein anderer Name ist ‚Arbeitsinhaltsfaktoren'. Extrinsische Faktoren sind Quellen der Motivation oder Bedürfnisbefriedigung, die aus dem organisatorischen Zusammenhang stammen und somit etwas dem direkten Einfluß des einzelnen entzogen sind" [30, S. 166ff.]. In Literatur und Praxis sind auch diese Aussagen vielfach kritisiert worden [13, S. 69ff.] [33, S. 67]. Wie für alle wissenschaftlichen Disziplinen, die sich mit dem Menschen in der Unternehmung befassen, muß auch hier gesagt werden, daß sie nur Teilaspekte untersuchen können und dementsprechend ihre Ergebnisse nicht isoliert gesehen werden dürfen.

1.2.3 Umstrittene Einflußgrößen organisatorischer Gestaltung

Wie schon bei den kurz dargestellten Motivationstheorien angemerkt, werden sie vielfach kritisch diskutiert. Pragmatisch eingestellte Verfasser haben überhaupt Bedenken gegenüber den verhaltenstheoretisch orientierten Organisationswissenschaftlern. Werfen diese den Praktikern vor, daß sie in ihren Organisationsgrundsätzen empirisch nicht gesicherte Annahmen über Gesetzmäßigkeiten im menschlichen Verhalten in unzulässiger Weise verallgemeinern, werfen die so Angesprochenen ihrerseits vor, daß die Wissenschaftler oft Gefahr laufen, von falschen Annahmen über ökonomische und technologische Gegebenheiten auszugehen [22, S. 136]. Diese Kluft zwischen Verhaltenstheorie und praktischer Management-Lehre besteht vor allem in bezug auf die in den letzten Jahren von der Theorie entwickelten neuen Partizipations- und Delegationskonzepten. Der wichtigste Einwand ist meist die empirische Fragwürdigkeit.

In seiner Untersuchung über Einflußgrößen organisatorischer Umstrukturierungsprozesse faßt *Erich Frese*, von verschiedenen angelsächsischen Organisationswissenschaftlern ausgehend, die Kritik in folgende vier Punkte zusammen:

(1) Der Konflikt zwischen Individuum und Organisation wird als typisch für moderne, große Organisationen hingestellt und dramatisiert. Es handelt sich jedoch nur um einen Aspekt eines generellen Dilemmas, der alle Bereiche des gesellschaftlichen Lebens charakterisiert.

(2) Die Hypothese von der Universalität des Strebens nach menschlicher Selbstentfaltung ist problematisch. Der Gedanke der individuellen Freiheit wird überbetont und das weitverbreitete Sicherheitsstreben übersehen.

(3) Die Arbeit wird als primäres Ziel menschlicher Erfüllung und Motivation überbewertet. Zentrale Orientierungspunkte vieler Leute sind nicht Beruf und Arbeit, sondern z. B. Familie und Gemeinschaft.

(4) Die Bedeutung wirtschaftlich-materieller, insbesondere monetärer Anreize, wird unterschätzt [22, S. 137].

1.3 Menschenbild und Organisation

Es ist unvermeidlich, daß die Beschäftigung mit dem Menschen zu der Frage nach dem Menschenbild führt. Sie ist für die Praxis ebenso wichtig wie für die Wissenschaft. W. *Hill* u. a. sehen im zeitbedingten Menschenbild die „intervenierende" Variable zwischen dem allgemeinen Bedingungsrahmen und der Theorie der Organisation. Es sei die wohl stärkste prägende Grundlage der Organisationstheorie jeder Epoche. Das Bild vom Menschen, das der einzelne hat, gehe durch bewußte oder unbewußte gewisse Grundannahmen in die Theorie ein. „Jede wesentliche Veränderung im Menschenbild beruht auf wesentlichen Veränderungen des gesellschaftlichen Bedingungsrahmens. Sie führt ihrerseits wiederum zu einem Umbruch in der Organisationstheorie" [42, S. 406f.].

1.3.1 Einfluß gesellschaftlicher Veränderungen

So ist es sicher kein Zufall, daß in den ersten Jahren nach dem Zusammenbruch 1945 in Deutschland in der Betriebswirtschaftslehre Fragen der Ethik und der normativen Zielsetzungen diskutiert wurden. Es waren die Jahre, in denen man allgemein das Gefühl hatte, daß nicht nur mit dem Aufbau der Betriebe und Städte neu begonnen werden mußte, sondern auch mit einer neuen Ordnung in Gesellschaft, Wirtschaft und Unternehmung. Es war die Zeit, in der einzelne Eigentümer-Unternehmer und Geschäftsführer-Unternehmer neue Formen der Kooperation mit den Mitarbeitern in der Unternehmung entwickelten, Gewerkschaften und Vertreter der Wirtschaft Probleme der Mitbestimmung diskutierten, auf den Kirchentagen der beiden großen Konfessionen Resolutionen verfaßt wurden, in denen die

Stellung des Menschen als Mittelpunkt jeglicher wirtschaftlicher Betrachtung gefordert wurde. Und es kommt sicher nicht von ungefähr, daß sich dann in den Jahren des wirtschaftlichen Aufschwungs – später vielfach als „Wirtschaftswunder" interpretiert – eine Wandlung vollzog, wonach „die Gesamtanalyse der Unternehmung, die Untersuchung der Beziehungen zur Gesamtwirtschaft und zur gesellschaftlichen Entwicklung sowie eine eingehendere theoretische Reflexion zurücktreten" [116, S. 392]. So dürfte es wiederum kein Zufall sein, daß wir in der Gegenwart im Zeichen vielfältiger, teils weltweiter Veränderungen in der Wirtschaft und Gesellschaft der Stellung des Menschen eine höhere Priorität einräumen. Wie überall bei geschichtlichen Entwicklungen gibt es keine eindeutigen Zäsuren, sondern es handelt sich um Strömungen, wobei eine Vielzahl immaterieller, nicht-wirtschaftlicher Faktoren eine entscheidende Rolle spielt [25, S. 69].

In den Wirtschafts- und Sozialwissenschaften spiegeln sich diese Probleme in der Problematik von der Wertfreiheit der Wissenschaft. In seiner Stellungnahme zu den neueren betriebswirtschaftlichen Theoriesystemen spricht *Wolfgang H. Staehle* dieses Problem an, wenn er kritisiert, daß bei vielen betriebswirtschaftlichen Theoretikern der wissenschaftstheoretische Standort heute nur implizit erkennbar sei. Die Betriebswirtschaftslehre werde aber nicht um der Wissenschaft selbst willen betrieben, sondern müsse sich ihrer Dienstleistungsfunktion für die Gesellschaft bewußt sein. „Betriebswirtschaftliche Forschung darf nicht auf die Suche nach zweckrationalem Handeln bei gegebener Aufgabenstellung verkürzt werden." Die philosophische Position, die er bei seiner kritischen Erörterung der neueren betriebswirtschaftlichen Theorien in bezug auf die Stellung des Menschen bezieht, formuliert er wie folgt: „Meine Wertvorstellungen decken sich weitgehend mit der philosophischen Richtung des Personalismus, der – als Wertlehre verstanden – postuliert, daß alle Werte von der Person (und nicht von der Sache) ausgehen und die Person nicht nur Wertquelle, sondern auch Wertmaßstab und Wertziel sei" [109, S. 714].

1.3.2 Wertende und wertfreie Betriebswirtschaftslehre

Die hier aufgeworfene Frage hat die Betriebswirtschaftslehre schon Anfang des Jahrhunderts beschäftigt. Es sei beispielhaft auf die Arbeiten von *Johann Friedrich Schär* und *Heinrich Nicklisch* hingewiesen, die als Vertreter der sogenannten normativen Einzelwirtschaftslehre die Tätigkeit im Betrieb auch unter einem philosophischen Aspekt betrachteten [98; 72]. Die Arbeiten von *Nicklisch* haben am meisten schulbildend gewirkt und eine Reihe von Forschern geprägt. Nach dem zweiten Weltkrieg finden wir ähnliche Gedankengänge bei *Wilhelm Kalveram*, der versuchte, die Betriebswirtschaftslehre in der Ethik zu fundieren. Es ist seine Überzeugung, „daß ein auf starken persönlichen Freiheiten beruhendes, aber sich stets an den ewigen natürlichen Gesetzen und an der allverpflichtenden Sittenordnung orientierendes Ordnungssystem zu einer Harmonie zwischen einzelwirtschaftlichen und gemeinwirtschaftlichen Aufgaben und Zielen und damit zu einer Erhaltung und organischen Fortentwicklung gesunder Betriebe sowie zu einer wohlgeordneten Schichtung und Stufung des wirtschaftlichen und sozialen Gefüges führen muß“ [51, S. 7]. Wenige Jahre später versucht *Wilhelm Hasenack*, eine philosophische und betriebliche Kategorienlehre zu begründen, wobei er sich an den Philosophen *Nikolai Hartmann* anlehnt [36, S. 1–10, S. 162–178].

In jüngster Zeit wurde das vieldiskutierte Konzept einer Arbeitsorientierten Einzelwirtschaftslehre veröffentlicht, das sich sowohl auf sozialphilosophische, gesellschafts-analytische Vorstellungen als auch in gleicher Weise auf die Kritik der traditionellen Betriebswirtschaftslehre gründet [56, S. 36]. Sie versteht sich als Teil einer Arbeitsorientierten Wirtschafts- und Gesellschaftslehre, die allerdings noch zu entwickeln ist [87, S. 243]. Die Begründer dieser Einzelwirtschaftslehre gehen davon aus, daß es eine explizite Aufgabe angewandter Wissenschaften sei, sich an den Interessen von bestimmten gesellschaftlichen Gruppen zu orientieren und diese auch zu vertreten. Das von ihnen in den Mittelpunkt gestellte arbeitsorientierte Handeln ist am Interesse der abhängig Beschäftigten ausgerichtet [87, 5, 11].

In einer Zusammenfassung der Diskussion um die Wertfreiheit in der Betriebswirtschaftslehre stellt *Wöhe* die verschiedenen Ausgangspunkte der wertenden Betriebswirtschaftslehre heraus und schließt damit, daß das Auswahlprinzip der heute herrschenden wertfreien Betriebswirtschaftslehre dagegen eine praktische Norm sei, d. h. eine Zielkombination, von der man unterstellt, daß sie empirisch festgestellt werden kann. „Die Betriebswirtschaftslehre entwickelt Verfahren, wie diese Norm optimal zu realisieren ist. Sie informiert, fordert aber nicht dazu auf, die Norm zu realisieren, da sie die Norm nicht bewertet. Sie würde jede andere empirisch festgestellte oder theoretisch denkbare (z. B. Mitbestimmungsmodelle) Zielkombination unternehmerischen Handelns ebenso wertneutral untersuchen können. Die normativ wertende Betriebswirtschaftslehre dagegen hält die von ihr gesetzten Normen ideologisch für besser als alle anderen, die tatsächlich bestehen. Sie informiert deshalb nicht nur, sondern bewertet die im Sinne der Operationalität als optimal erkannten Verfahren, indem sie ihre Anwendung empfiehlt, damit die gesetzten Normen realisiert werden. Sie würde andere Normen nicht zum Gegenstand ihrer Untersuchungen machen, es sei denn zu dem Zweck, sie durch Werturteil zu verwerfen“ [132, Sp. 744]. Die Erörterung über das Menschenbild in der Unternehmungsorganisation sei mit der Feststellung *Leopold von Wieses* abgeschlossen, daß uns seit *Emmanuel Kant* in der Wissenschaft bewußt geworden ist, daß die Bereiche des Seins und des Sollens nicht miteinander vermengt werden dürfen [121, S. 26].

1.4 Unternehmungsorganisation als personelles Beziehungssystem

Für die Unternehmungsorganisation ist wesentlich, daß ihre Elemente – Menschen und Maschinen – und die Beziehungen untereinander so strukturiert sind, daß die zur Erfüllung der Unternehmungsaufgabe erforderlichen Arbeitsprozesse optimal durchgeführt werden können. „Die Ordnung im Gebilde und im Ablauf des Geschehens hat also keinen Wert an sich, sondern ist ein Mittel zum Zweck, das heißt, zur rationellen Erreichung der jeweiligen Unternehmungsziele, und ist von dort her zweckmäßig zu gestalten“ [115, S. 212]. *Ulrich* gliedert die jeweils bestehende Unternehmungsstruktur in eine Beziehungs-Struktur und Prozeß-Struktur. Die Beziehungs-Struktur soll relativ dauerhaft sein, damit auch bei wechselnden Zielsetzungen und Bedingungen noch eine rationelle Prozeßabwicklung gewährleistet ist. Sie soll daher eine möglichst dauerhaft zweckmäßige „Grundstruktur“ der Unternehmung sein, die natürlich in jedem einzelnen Unternehmen wegen der Vielfalt der Beziehungen zwischen Mensch und Maschine verschieden ist. Für die im Rahmen einer solchen Beziehungsstruktur durchzuführenden Aufgaben sind Prozeßstrukturen zu entwerfen, „die möglichst den Vorstellungen der Selbstregulierung entsprechen; die einzelnen Prozesse sind gedanklich zu einem hierarchisch strukturierten Prozeßkomplex zu verknüpfen“ [115, S. 222]. Der Strukturbegriff wird in einer zeitlichen Dimension verwendet. Prozesse werden als Folgen einzelner Aktivitäten verstanden, die untereinander einen erkennbaren Zusammenhang aufweisen.

In systemtheoretischer Sicht besteht die Tätigkeit einer Unternehmung allgemein darin, daß sie bestimmte Güter aufnimmt (Input) und bestimmte andere Güter abgibt (Output). Das Unternehmungsgeschehen stellt somit einen Transformationsprozeß dar, der sich in den verschiedenen operationellen Funktionsbereichen (Subsystemen) abspielt. Zu dem vom einzelnen produktiven Element benötigten Input gehören auch Informationen, welche die Bearbeitungsvorgänge auslösen und steuern [115, S. 238]. Das Informationssystem ist damit ein zu gestaltendes Subsystem neben dem Materialsystem, Werkzeug- und Vorrichtungssystem und Energiesystem. Diese vier Subsysteme umfassen damit jene Prozesse, die der Versorgung der produktiven Einheiten mit den jeweils benötigten „Betriebsmitteln“ dienen und als mittelbare Betriebsprozesse gekennzeichnet werden können.

Grochla unterscheidet im Beziehungsgefüge der Unternehmungsorganisation nach dem Inhalt der Beziehungen zwischen den Systemelementen innerhalb der Unternehmung und den Beziehungen von Elementen mit der Umwelt zwischen informationellen und materiellen Beziehungen. „Informationelle Beziehungen bestehen vornehmlich zwischen den Aktionseinheiten des Entscheidungsbereiches sowie zwischen den Entscheidungsstellen, dem Realisationsbereich und der Unternehmungsumwelt. Die materiellen Beziehungen existieren in erster Linie zwischen den Stellen im Realisationsbereich der Unternehmung. Grundlage des materiellen Beziehungszusammenhangs sind die Hauptphasen des betrieblichen Erzeugungsprozesses: Beschaffung der Einsatzgüter, Transformation der Einsatzgüter zu Marktleistungen (Produktion, Absatz der Unternehmungsleistungen)" [29, S. 76]. Aus unserer Sicht wird zweckmäßig zwischen Kompetenzbeziehungen, Arbeitsbeziehungen und Kommunikationsbeziehungen unterschieden.

1.4.1 Kompetenzbeziehungen

Unter Kompetenz wird in der Theorie und Praxis der Organisation verstanden, welche Rechte oder Befugnisse ein Stelleninhaber besitzt. *Ulrich* unterscheidet zwischen Entscheidungsbefugnissen, Anordnungsbefugnissen, Verpflichtungsbefugnissen, Verfügungsbefugnissen und Informationsbefugnissen, Rechte auf Information [114, Sp. 852]. Für das personelle Beziehungssystem in der Unternehmung sind die Entscheidungsbefugnisse und Anordnungsbefugnisse wichtig, die sich zwangsläufig daraus ergeben, daß zwischen Führung und Ausführung von Aufgaben in den Unternehmungen getrennt werden muß.

1.4.1.1 *Führung und Ausführung*

In der Organisationspraxis und -theorie werden die Begriffe Führung und Leitung zuweilen unterschiedlich definiert. Führung wird z. B. als eine personenbezogene und Leitung als eine sachbezogene Tätigkeit verstanden. Wir wollen beide Bezeichnungen synonym verwenden.

Werden Arbeitsaufgaben in der Unternehmung auf mehrere Personen verteilt, ist eine Trennung zwischen Führung und Ausführung erforderlich, wenn die einheitliche Durchführung der Arbeiten gewährleistet sein soll. Es sind zwei qualitativ unterschiedliche Aufgaben mit entsprechend unterschiedlichen Anforderungen an die Menschen. *Grochla* charakterisiert sie als realisationsbezogene und dispositive Aufgaben. Die ersteren umfassen die Prozesse der realisierenden Leistungserstellung, z. B. in Industriebetrieben die Fertigung, während zu den dispositiven Aufgaben die vorgelagerten Entscheidungs- bzw. Planungsprozesse gehören [29, S. 49]. *Gutenberg* spricht von ausführenden und dispositiven Arbeitsleistungen. Als dispositiv bezeichnet er alle Tätigkeiten, die mit der Leitung und Lenkung der betrieblichen Vorgänge im Zusammenhang stehen [31, S. 159].

Der Führung von Mitarbeitern sind Grenzen gesetzt, je nach der Größe der Kontrollspanne oder auch Führungs- bzw. Leitungsspanne (span of control). Sie ergibt sich aus der Frage, wie viele Mitarbeiter von einer Führungskraft sinnvoll geleitet werden können. Mit Größerwerden der Unternehmung ist es notwendig, daß die Unternehmungsführung einen Teil ihres Weisungsrechtes an nachgeordnete Abteilungsleiter, Betriebsleiter und sonstige Instanzen delegiert. Es wird deshalb zweckmäßig unterschieden zwischen der originären dispositiven und der delegierten oder derivativen dispositiven Arbeitsleistung. Nur die oberste Unternehmungsführung leistet originäre dispositive Arbeit. Alle nachgeordneten Stellen mit Leitungsfunktionen haben derivative Dispositionsrechte im Rahmen eines durch die Anordnungen der Unternehmensleitung begrenzten Spielraums [52, S. 44]. Der Dispositionsspielraum nimmt bei mehrstufigen Organisationsstrukturen nach unten immer mehr ab, bis er sich bei den nur mit ausführenden Arbeiten Beschäftigten, z. B. dem Mitarbeiter im Büro oder in der Fabrikation, auf noch mögliche Selbstentscheidung reduziert.

Die delegierten Entscheidungsrechte können sich – und zwar differenziert – auf Personen, auf Sachen und auf organisatorische Regelungen beziehen. Das Entscheidungsrecht über

Personen kann z. B. in bezug auf Einstellung, Entlohnung durch Zustimmungsvorbehalte vorgesetzter Instanzen eingeschränkt werden. Das gleiche gilt gegenüber Sachentscheidungen, z. B. Anschaffung von Geräten und Maschinen, indem hierfür wertmäßige Dispositionsgrenzen festgelegt werden. Es wird daraus deutlich, daß es eine Skala von möglichen Einschränkungen bei der Entscheidungsdelegation gibt. Für die handelnden Personen handelt es sich hierbei um sehr wesentliche Maßnahmen, weil damit ihr Entscheidungsspielraum eingeengt und das Prinzip der Einheit der Leitung, das grundsätzlich auch für nachgeordnete Instanzen gültig ist, durchlöchert wird.

Eine wichtige Rolle spielt die disziplinarische Verantwortung, bei der zwischen den allgemeinen Disziplinarvorschriften und der Disziplin am Arbeitsplatz bzw. in der Gruppe zu unterscheiden ist. Die ersteren sind in der Regel Tarif- oder Betriebsvereinbarungen, die sich auf Arbeitszeit, Pausen usw. beziehen. Bei den Disziplinarvorschriften für den Arbeitsplatz handelt es sich um teils schriftliche oder aus den Arbeitsusancen sich ergebende Pflichten. Dementsprechend gehört es zur Verantwortung des jeweiligen Vorgesetzten, daß nicht nur die übertragenen Sachaufgaben richtig durchgeführt werden, sondern auch die notwendige Disziplin eingehalten wird. Hierbei ist es wieder wichtig, in welchem Umfange in Konfliktfällen der Abteilungsleiter oder Betriebsleiter selbständig handeln kann oder nicht.

1.4.1.2 *Hierarchisches Beziehungssystem (Einliniensystem)*

Wie aus den vorangegangenen Ausführungen schon deutlich geworden ist, sind die Beziehungen in den Unternehmungen, die sich allein schon aus dem Verhältnis von Führung und Ausführung ableiten, von großer Vielfalt. Charakteristisch ist generell ihre hierarchische Anordnung. Der hierarchische Aufbau der Unternehmung, der nicht mit einem autoritären Führungsstil zu verwechseln ist, erweist sich nach *Ulrich* als institutive Notwendigkeit, die sich aus dem Wesen der Unternehmung als einem relativ autonomen Gebilde ergibt und die nicht aus dem Recht eines Eigentümers auf vollständige Verfügung über seine Unternehmung abgeleitet zu werden braucht [115, S. 213].

Die hierarchische Ordnung ist für das Kompetenzsystem typisch, das vom *Fayol*schen Prinzip der Einheit der Auftragserteilung ausgeht. Es besagt, daß für eine Verrichtung jedweder Art der Mitarbeiter nur von einem Leiter Anweisungen empfangen soll. „Sie ist von allgemeiner und dauernder Notwendigkeit, und ihr Einfluß auf den Gang der Geschäfte ist nach meiner Meinung zumindest ebenso stark wie der jedes anderen Prinzips. Wird sie verletzt, so wird die Autorität geschwächt, die Disziplin gefährdet, die Ordnung gestört und die Stabilität bedroht" [20, S. 22]. Nach *Ulrich* wird besser von der Einheit des Auftragempfangs gesprochen [113, S. 125]. Dieses Kompetenzsystem wird auch als Einliniensystem bezeichnet. Charakteristisch dafür ist, daß der Leiter einer vorgeordneten Instanz bei Informationen die nächste ihm vor- oder nachgeordnete Instanz nicht überspringen, insbesondere einer nachgeordneten nicht unmittelbar unterstellten Stelle Anweisungen erteilen soll. In Theorie und Praxis werden diese Verkehrswege vielfach Instanzen- oder Dienstweg genannt.

Kompetenzregelungen nach dem Einliniensystem bedürfen überall dort einer besonderen Beachtung, wo einzelne Instanzen Aufgaben mit großen Risiken zu erledigen haben. In diesen Fällen ist es notwendig, daß die Kompetenz mit der damit verbundenen Verantwortung schriftlich festgelegt wird. Umfangreiche Regelungen dieser Art gibt es z. B. in den Unternehmungen des Bergbaus wegen der hier vorhandenen Risiken unter Tage oder in Bankunternehmungen, die im Hinblick auf Geld- und Kreditrisiken entsprechende Kompetenzkataloge haben, in denen jeder Filialleiter und mit Kompetenzen ausgestatteter Mitarbeiter genau weiß, welche Befugnisse er hat.

Das hierarchische Beziehungssystem wird auch als Bürokratiemodell bezeichnet. Im Gegensatz zum populären Bürokratiebegriff, der mit den Vorstellungen einer schwerfälligen, wenig wirksamen Organisation verbunden ist, wird Bürokratie hier im Sinne von *Max Weber* als eine Kategorie der rationalen

Herrschaft verstanden, die auf Gesetz und Satzung beruht und in Regeln und Normen technisch fixiert ist [118, S. 126ff.].

Merkmale eines solchen hierarchischen Beziehungssystems im Sinne des Bürokratiemodells sind [48, S. 306] (Abb. 2):

- hoher Grad von Arbeitsteilung und weitgehende Spezialisierung der Funktionsträger
- hierarchische Autorität, verbunden mit einer Personalunion von Fachautorität und Amtsautorität
- starke Formalisierung der Arbeitsabläufe und deren Konzeption durch die Hierarchie
- Dominanz der formalen Strukturaspekte und des regelgebundenen Verhaltens
- unpersönliche interpersonelle Beziehungen der Organisationsmitglieder untereinander.

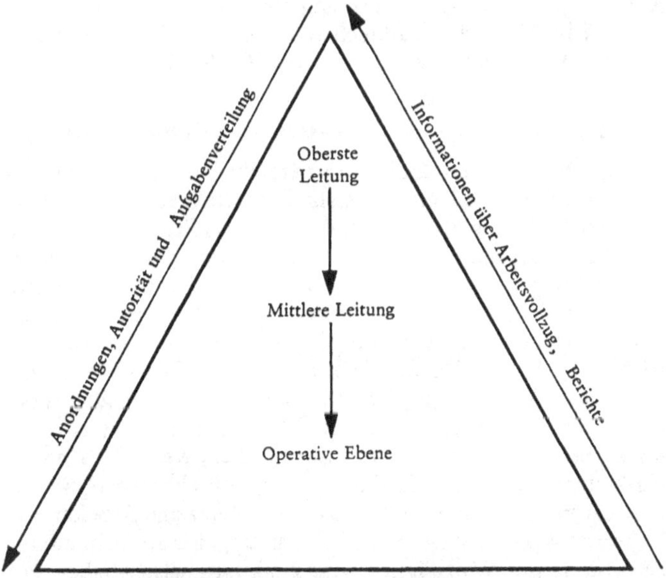

Abb. 2. Bürokratiemodell [48, S. 306]

Jürgen Wild charakterisiert die Hierarchie als wohl bekanntestes strukturelles Grundmuster der Herrschaftsausübung und -sicherung.

In einer ausführlichen Darstellung versucht er, Ansatzpunkte und Wege zu einer Überwindung der mit hierarchisch-autoritären Strukturen verbundenen Mängel aufzuzeigen. Er geht dabei von der Erkenntnis aus, daß die totale Ablehnung der Hierarchie im wesentlichen auf Zurechnungsirrtümern beruht und zu undifferenziert ist. „Nicht die Hierarchie selbst, sondern namentlich der autoritäre Führungsstil und andere Faktoren sind für die kritischen Dysfunktionen verantwortlich zu machen. Hier müssen daher konstruktive Änderungsvorschläge ansetzen“ [125, S. 45]. Im Abschnitt über neuere Organisationsmodelle sind einige Maßnahmen dargestellt, die die hierarchische Ordnung im Sinne einer kooperativen Form der Zusammenarbeit weiterentwickeln sollen. Über die zahlreichen Aspekte der bürokratischen Organisation gibt im übrigen einen guten Überblick der Sammelband gleichen Titels, der von *Renate Mayntz* herausgegeben wurde [66, S. 45].

1.4.1.3 *Funktionelles Beziehungssystem (Mehrliniensystem)*

Im Unterschied zum Einliniensystem, in dem jede Stelle nur von einer übergeordneten Instanz Weisungen erhält, gibt es in der Unternehmung Strukturen, die nicht das Prinzip der Einheit der Auftragserteilung kennen, sondern von einer Mehrfachunterstellung ausgehen. In der Geschichte der Organisationslehre hat sie *Taylor* mit seinem Funktionsmeistersystem zur Diskussion gestellt. Er wollte den für seine Zeit in den Betrieben typischen Universalmeister in den Werkstätten mit vielfältigen Funktionen der Anordnung, Überwachung usw. durch eine Reihe spezialisierter Meister, sogenannter Funktionsmeister, ersetzen. Das war nur möglich, wenn das Kompetenzsystem nach dem Einlinienprinzip durchbrochen wurde, weil bei mehreren Funktionsmeistern der einzelne Arbeiter von mehreren Vorgesetzten Anweisungen entgegennehmen mußte. Die von *Taylor* konzipierten acht Funktionsmeister haben sich in der Praxis nicht durchgesetzt. Geblieben ist aber die für die moderne Industrie wichtig gewordene Trennung der Werkstattarbeiten, z. B. in Instanzen für Arbeitsvorbereitung, Fertigungsdurchführung und Fertigungskontrolle.

Es ist bemerkenswert, wie *Taylor* seine Vorstellungen begründete. Er charakterisierte die in der damaligen Zeit vorhandene Ordnung in den Industriebetrieben als eine militärische „in der ein streng durchgeführtes Unterordnungssystem das Gerippe bildet, das die Befehle und Aufträge vom Generaldirektor durch die Abteilungsdirektoren, Betriebschefs, Assistenten, Meister zum Arbeiter vermittelt. Solches Verfahren erfordert, daß jedes der bezeichneten Organe, insbesondere die Meister, sehr verschiedenartige Beschäftigungen verrichten müssen. Nur ganz ungewöhnlich vielseitige Naturen können daher ihren Aufgaben in wünschenswerter Weise gerecht werden". Das *Taylor*sche „Funktions- oder Tätigkeitssystem" gipfelte in dem Bestreben, „jedem Aufsichtsorgan vom Betriebsleiter bis zum Meister hinunter nur so viele Pflichten aufzuerlegen, wie er wirklich erfüllen kann; wenn möglich, sollte jeder nur seine Haupttätigkeit ausüben" [111, S. 44ff.].

Die Ausübung von Funktionen kann mit unterschiedlichen Befugnissen verbunden sein; wichtig ist, ob z. B. Anordnungsbefugnisse oder nur Informationsbefugnisse bestehen. Bei funktionellen Beziehungen mit Anordnungsbefugnissen werden diese zweckmäßig auf nur wenige genau beschriebene Tätigkeiten festgelegt. Ein typisches Beispiel hierfür ist die Lohnaufschreibung im Fertigungsbetrieb. Der Leiter der entsprechenden Stelle überwacht die eingehenden Bruttolohnzettel und ihre Aufbereitung für die Buchung. Er untersteht einmal seinem Vorgesetzten in der Linie, dem Leiter des Fertigungsbetriebs; zum anderen ist er für bestimmte Funktionen dem Leiter des Rechnungswesens verantwortlich. Solche Funktionen können sich auf die Schlüsselung des Buchungsstoffes beziehen, auf Formulargestaltung, auf Termine für die Abgabe der Buchungsunterlagen usw. Funktionelle Beziehungen kennt nicht nur das Rechnungswesen, sondern u. a. auch das Personalwesen und die Sachverwaltung. Dabei handelt es sich nicht immer nur um Anordnungsbefugnisse, sondern vielfach um Informationsrechte oder Beratungsrechte. Insgesamt gibt es eine Skala von funktionellen Regelungen, die in der Praxis anzutreffen sind. Will man das funktionelle Beziehungssystem vom hierarchischen Beziehungssystem abgrenzen, kann man zweckmäßig von einem Mehrliniensystem sprechen. Seine Schwierigkeiten liegen in einer klaren Abgrenzung, in der Koordination durch eine übergeordnete Stelle [29, S. 97].

Wenn wir die funktionellen Kompetenzen nicht nur auf die Anordnungsrechte beziehen, sondern auch auf Informationsrechte, ist das Mehrliniensystem in der Praxis recht häufig anzutreffen, und zwar überall dort, wo Querschnittsaufgaben zu erfüllen sind. Dazu gehören die traditionellen Stabsstellen und in neuerer Zeit die besonders entwickelten Positionen eines Produkt- oder Projekt-Managers.

1.4.2 Arbeitsbeziehungen

Die hierarchischen und funktionellen Kompetenzbeziehungen kennzeichnen die gewollte formelle Struktur einer Unternehmung und die damit gegebenen personellen Beziehungen. Die in der Unternehmung tätigen Menschen stehen außerdem über ihre laufende Arbeit miteinander in Beziehung. Die kleinste selbständige Handlungseinheit, in der Menschen und Maschinen miteinander verbunden sind, ist die Stelle, von *Grochla* als Aktionseinheit gekennzeichnet. „Unter einer Aktionseinheit ist ein versachlichter Komplex von Verrichtungen zu verstehen, der durch synthetische Zusammenfassung analytisch gewonnener Teilaufgaben und deren Zuordnung auf einen oder mehrere gedachte Aktionsträger entstanden ist“ [29, S. 45]. In der Praxis wird die Stelle meist mit dem Arbeitsplatz gleichgesetzt. In der Organisationslehre wird darunter der räumlich konkretisierte und mit Arbeitsmitteln ausgestattete Handlungsort des arbeitenden Menschen verstanden [54, S. 198].

Nach der *REFA*-Methodenlehre ist der Arbeitsplatz ein Arbeitssystem, und zwar das kleinste; andere Arbeitssysteme sind Abteilungen oder auch der gesamte Betrieb. „Arbeitssysteme dienen der Erfüllung von Aufgaben; hierbei wirken Menschen und Betriebsmittel mit der Eingabe unter Umwelteinflüssen zusammen“ [89, S. 67]. Die Arbeitsplätze sind durch die Ablauforganisation miteinander verbunden. Für die Beziehungen der Menschen sind zwei typische Formen der Zusammenarbeit zu unterscheiden, die teamartige und die gefügeartige Kooperation. Bei der ersten Art erlauben es die Arbeitsplatzgestaltung und der Arbeitsablauf, daß eine Mehrzahl von Mitarbeitern einen größeren Dispositionsspielraum hat. Bei der gefügeartigen Kooperation sind der zeitliche Ablauf und das Ineinandergreifen der Einzeltätigkeiten durch technische Daten bestimmt. Die Beteiligten stellen sich aufeinander ein, „aber ihre Zusammenarbeit ist nie direkte Zusammenarbeit von Menschen, sondern wird zwischen je zwei Arbeiten immer wieder durch den technischen Prozeß vermittelt“ [11, S. 19]. Die personellen Arbeitsbeziehungen sind im wesentlichen solche der Übermittlung von Informationen vielfältiger Art; damit ist der Komplex der Kommunikation angesprochen.

1.4.3 Kommunikationsbeziehungen

Der Begriff der Kommunikation kann enger und weiter gefaßt werden. „Im engeren Sinne kann man von Kommunikation dann sprechen, wenn ein Handeln bewußt und ausdrücklich die Übermittlung von Information als seinen Hauptzweck anstrebt“ [60, Sp. 831f.]. Informationen werden im Sinne von *Waldemar Wittmann* als zweckorientiertes Wissen verstanden, also solches Wissen, das zur Erreichung eines Zweckes, nämlich einer möglichst vollkommenen Disposition, eingesetzt wird, das also nicht alle mit der Interdependenz wirtschaftlicher Prozesse zusammenhängenden Wissensgebiete, sondern nur die Haupteinflußgrößen übermittelt, die für die jeweilige Entscheidungshandlung erforderlich sind [131, S. 14ff.].

Für den reibungslosen Ablauf der Arbeit ist die Selbstkoordination eine wichtige Kommunikationsbeziehung. Darunter kann generell die Zusammenarbeit zwischen Führungskräften und Mitarbeitern auf gleichen oder verschiedenen Stufen verstanden werden, soweit sich ihre Aufgaben berühren und eine Abstimmung im Interesse der jeweiligen Aufgaben erforderlich ist. Selbstkoordination ist dort unerläßlich, wo einzelne Stellen in ihrer Arbeit voneinander abhängen, wie z. B. der Verkauf von der Fabrikation oder die Entwicklung von der Fabrikation und umgekehrt.

90 v. H. des Management-Prozesses ist Kommunikation, lesen wir in einer Schrift des in der Kommunikationspraxis erfahrenen *Roy G. Foltz* [21, S. 12]. Fast die ganze Arbeit eines Managers bestehe aus Kommunikation, gleich, auf welchem Gebiet. Ein Manager in der Produktion lasse die Maschinen nicht laufen; er bringe nur andere dazu, sie laufen zu lassen, indem er sich mit ihnen verständige. Auch Verkaufen sei ausschließlich Kommunikation. Ebenso sei die Kommunikation erste Verpflichtung der Finanz- und Buchhaltungsabteilung eines jeden Unternehmens, nämlich die Information über die finanziellen Zusammenhänge. „Alle Manager haben ein gemeinsames Ziel für Kommunikation. Sie versuchen, die jeweiligen Verhaltensweisen durch das, was sie sagen und tun, zu beeinflussen" [21, S. 13]. Diesen Ausführungen liegt ein weitgefaßter Begriff der Kommunikation — Übermittlung von Nachrichten jeder Art — zugrunde, aber auch die Wahrnehmung gehört dazu, ebenso die Erwartung und nicht zuletzt das Engagement dessen, der unterrichtet werden soll. „Kommunikation hat Erfolg, wenn sie Wertvorstellungen, Wünschen und Zielen des Rezipienten entspricht" [16, S. 84]. Wir befinden uns damit im Bereich der Kommunikationspsychologie.

Kompetenzbeziehungen sind Grundlage einer Kommunikation, die durch Anordnungen aufgrund von Entscheidungen gekennzeichnet ist, und durch alle sonstigen Formen der Weitergabe von Informationen, die zur Erfüllung der Unternehmungsaufgabe erforderlich sind. Daraus kann aber nicht der Schluß gezogen werden, daß Kommunikationssysteme mit den Kompetenzsystemen gleichzusetzen sind. Alles Handeln, das für andere sichtbar ist, kann als eine Übermittlung von Informationen im weitesten Sinne verstanden werden. Insofern bestehen alle sozialen Systeme, in denen Menschen zur Erfüllung eines Ziels tätig sind, aus Kommunikation [60, Sp. 832].

So besteht auch die Unternehmung mit ihren vielfältigen personellen Beziehungen aus einem Netz von Kommunikationsbeziehungen, das über das Kompetenzsystem hinausgeht.

Die Trennung von Kompetenz- und Kommunikationssystem erlaubt es, Überlegungen zur optimalen Gestaltung der Informationsübermittlung anzustellen. Dazu gehören die zeitliche Struktur des Informationsflusses und vor allem die optimale Verwendung der Hilfsmittel, die im Zeichen der technischen Entwicklung vielfältige Möglichkeiten der Kommunikation erlauben. Die Vertreter der Organisationstheorie sind sich klar darüber, daß die für die Entwicklung optimaler Kommunikationssysteme notwendige quantitative Erfassung von Inputs und Outputs bei verschiedenen organisatorischen Formen besondere Schwierigkeiten hat.

An verschiedenen Hochschulen, Instituten und nicht zuletzt bei den großen Herstellern für automatische Datenverarbeitung wird daran gearbeitet, zu anwendbaren Systemen der Informationsübermittlung zu kommen. In der Praxis wird hier meist vom Management-Informations-System (MIS) gesprochen. Die Informationen können dabei sehr formal gesehen werden, z. B. als „ein Signal, das im Kommunikationsprozeß zwischen System und Manager ausgetauscht wird und Reaktionen durch den Manager auslösen soll" [76, S. 6]. Wichtigste Funktionen im Ablauf des Informationsvorgangs sind die Meßfunktion und Verdichtungsfunktion. Aus seiner Lehrtätigkeit sind dem Verfasser die Arbeiten des Betriebswirtschaftlichen Instituts für Organisation und Automation an der Universität zu Köln bekannt. Dort wurde ein Grundmodell der integrierten Datenverarbeitung für Industriebetriebe entwickelt, in dem über 350 Aufgaben einschließlich der zwischen ihnen bestehenden Informationsbeziehungen grafisch und verbal erfaßt sind.

2. Personelle Unternehmungsorganisation in der Praxis

Im ersten Teil dieser Arbeit wurde versucht, einen Überblick zu geben über die Erkenntnisse verschiedener wissenschaftlicher Disziplinen, die für die Stellung des Menschen in der Unternehmung von Bedeutung sind. Dem folgt nunmehr eine praxisorientierte Darstellung der personellen Unternehmungsorganisation. Ausgangspunkt ist die formelle Gestaltung der Aufbau- und Ablauforganisation. Unser Interesse gilt insbesondere der Stellung des Menschen in den vielfältigen Führungsbeziehungen.

2.1 Aufbauorganisation

Die in der Praxis anzutreffenden unterschiedlichen Unternehmungsstrukturen lassen sich auf zwei Grundformen zurückführen: verrichtungsorientierte und objektorientierte Organisation. In der Praxis werden diese Grundprinzipien mehr oder weniger kombiniert und jeweils nach dem Grade der Entscheidungszentralisation differenziert.

2.1.1 Funktionelle Unternehmungsorganisation

Die Unternehmungsorganisation kann als laufender Prozeß der Funktionsteilung und Funktionszusammenfassung verstanden werden. Die angelsächsische Organisationslehre und -praxis spricht von Funktionalisierung. „Funktionalisierung kann jeder Prozeß sein, Funktionen in der Entwicklung einer organisatorischen Struktur oder eines Geschäftsverfahrens zu differenzieren, gruppieren und in Beziehung zueinander zu bringen" [12, S. 204]. Die zielorientierte Tätigkeit einer Unternehmung verlangt eine Ordnung, in der die durchzuführenden Arbeiten so auf die Arbeitsträger verteilt sind, daß die Unternehmungsaufgabe in optimaler Weise erfüllt werden kann. Bei Arbeitsgängen oder Verrichtungen, die sich z. B. bei der Herstellung eines Produktes oder bei der Abwicklung des Verkaufs wiederholen, ist es zweckmäßig, sie zusammenzufassen, wenn sie gleichartig sind.

Eine für die Industrieunternehmung typische Gliederung der Tätigkeit ist die Aufteilung nach kaufmännischen und technischen Funktionen. Diese in mittleren und kleinen Betrieben heute noch häufig vorkommende Gliederung beschreibt *Eugen Schmalenbach* anschaulich wie folgt: „Die Gründe sind erstens äußerliche. Es schreibt und rechnet sich schlecht in dem Maschinengebrause, in den großen Hallen, in den wäßrigen Gegenden der Bottiche, neben der Hitze der Martinöfen. Staub, Öl, und was es sonst gibt, machen Hände und Bücher unsauber, und der Techniker kann mit den schön hergerichteten Räumen eines Verwaltungsgebäudes nichts Rechtes anfangen. Zweitens ein tiefergehender Unterschied der Funktionen. Rechnen und Schreiben ist etwas anderes als Spanabheben, Gießen und Weben" [100, S. 29].

Mehr oder weniger parallel verlief dazu die Ausgliederung sogenannter mittelbarer Funktionen. Im Hinblick auf den Unternehmungszweck kann nämlich zwischen unmittelbaren und mittelbaren Funktionen unterschieden werden. Die ersteren werden auch als unmittelbare Zweckaufgaben, primäre Betriebsleistungen oder Kernfunktionen bezeichnet. In Industrieunternehmungen zählen dazu z. B. die Beschaffung, die Fertigung und der Vertrieb. Zu den mittelbaren Funktionen gehören z. B. das Rechnungswesen oder das Personalwesen, ebenso alle Tätigkeiten, die sich auf die Verwaltung im weiteren Sinne beziehen, also Arbeiten planender, vorbereitender und überwachender Art. Ein charakteristisches Merkmal der Organisation wachsender Industrieunternehmen ist die zunehmende Ausgliederung derartiger mittelbarer Funktionen [80, S. 280ff.]. Ist die gesamte Unternehmung primär nach solchen Funktionen oder Funktionsgruppen gegliedert, sprechen wir von funktioneller Organisation. Das schließt nicht aus, daß auf einzelnen Stufen verschiedene Tätigkeiten nach Objekten zusammengefaßt sind. Beispiel hierfür ist die in Fertigungsbetrieben häufig anzutreffende Regelung, daß die Funktion Fertigung in der Geschäftsführung weiter nach Produktionsstätten untergliedert wird.

2.1.1.1 *Vorteile*

Wie die geschichtliche Entwicklung zeigt, sollte mit der Zusammenfassung gleichartiger Arbeitsvorgänge die Spezialisierung der menschlichen Arbeit erleichtert und gesteigert werden. So war z. B. ein wichtiger Anlaß für *Taylor*, die Arbeitsgänge zu vereinfachen, damit sie leichter erlernbar wurden. Was er für die Werkstatt forderte, hat aber Gültigkeit für viele andere Bereiche der Unternehmungsorganisation. Wenn z. B. die Anlagenunterhaltung bei mehreren Fabrikationsstätten diesen jeweils selbst überlassen ist, kann sie durch Spezialisierung in einer nur für die Anlagenunterhaltung verantwortlichen Werkstätte rationeller durchgeführt werden. Die Spezialisierung erleichtert außerdem die Unterstützung der Arbeit durch mechanische Hilfsmittel. Werden z. B. die Aufgaben des Rechnungswesens oder der Arbeitsvorbereitung in einer Stelle zusammengefaßt, bestehen bessere Möglichkeiten, sich maschineller Hilfsmittel zu bedienen.

Die funktionelle Gliederung trägt ihrerseits zur weiteren Spezialisierung der Mitarbeiter bei. „Die Form, in der die funktionale Organisation wächst, begünstigt die Entstehung einer Art Hierarchie der Fachkräfte, die etwa den verschiedenen Stufen innerhalb der Organisation entspricht. Je größer die Gruppe, desto größer ist auch das Angebot an Fachkräften und desto mehr Spezialwissen erwerben die Leute innerhalb der funktionalen Gruppe. Somit kann sich ein von hochspezialisierten Fachkräften abhängiges Unternehmen das in ihm entwickelte Fachwissen am längsten durch Beibehaltung seiner funktionalen Struktur erhalten“ [1, S. 89].

Für die funktionelle Organisation ist weiter charakteristisch, daß der Funktionsspezialist auch Leiter der jeweiligen Fachbereiche ist. Das erleichtert die personelle Koordination der Arbeiten. Mit guten Fachleuten an der Spitze ist gleichzeitig der Vorteil verbunden, daß die Fähigkeiten einzelner Spitzenkräfte der ganzen Unternehmung zugute kommen. Die Geschichte vieler Unternehmungen zeigt, wie dadurch z. B. neue Entwicklungen in der Fertigung veranlaßt oder neue Wege in der Absatzorganisation gegangen wurden. Bemerkenswert ist die

Entwicklung des Finanzfachmanns [85, S. 13ff.] oder des Fachmanns für das Rechnungswesen [79, S. 781] und neuerdings die Professionalisierung im betrieblichen Personalwesen.

2.1.1.2 *Nachteile*

Die funktionelle Organisation stößt von einer bestimmten Unternehmungsgröße ab auf ihre Grenzen, da dann die Nachteile die Vorteile überwiegen können. Aus personeller Sicht entsteht bei wachsender Unternehmungsgröße die Gefahr, daß die Funktion zum Selbstzweck wird: die in den einzelnen Funktionen tätigen Mitarbeiter können das Denken im Gesamtzusammenhang verlieren. In der Praxis ist das festzustellen, wenn es z. B. vom Leiter entsprechender Fachabteilungen heißt, daß allein der Verkauf oder der Einkauf oder die Fertigung das Geschäft trägt. Die Spezialisierung auf einen bestimmten Funktionsbereich kann das Blickfeld einengen. Der für die Materialwirtschaft, das Personalwesen oder Rechnungswesen Verantwortliche sieht z. B. immer nur seinen Bereich und überschätzt seine Bedeutung. Ein weiterer Nachteil der funktionellen Unternehmungsorganisation besteht in einer zu starken Abhängigkeit der einzelnen Funktionsbereiche von der Unternehmungsspitze. So sind z. B. bei der Erzeugnisgestaltung in einem Industrieunternehmen sowohl der Fachmann in der Forschung und Entwicklung als auch der Absatzmann, nicht zuletzt ebenso der Finanzverantwortliche angesprochen. Kommen sie zu keiner Übereinstimmung, muß die Unternehmungsführung in der Spitze koordinieren. Die Koordinierung erweist sich als besonders schwierig, wenn es z. B. darum geht, bei Investitionsentscheidungen die Interessen des Funktionsbereichs Fertigung mit den übrigen Bereichen zu koordinieren. Sie verlangt, daß sich die Unternehmungsleitung fachlich stark engagiert [23, S. 217]. Die Geschäftsführung hat zu viele Koordinierungsaufgaben zu erfüllen und muß sich oft gegen ihren Willen zu sehr mit Fragen des täglichen Geschäftsablaufs befassen. Hier finden wir zum Teil eine Erklärung für die vielfach überstarke Belastung der Spitzenkräfte in der Unternehmung.

Die notwendige Koordination verlangt ein umfassendes Kommunikationssystem mit entsprechend festgelegten Informationen, die gesammelt, geprüft und verarbeitet werden müssen. Das alles bedarf einer Regelung durch Vorschriften, z. B. über die Kompetenzabgrenzungen und die Kommunikationswege. Je größer das Unternehmen, desto leichter besteht die Gefahr, daß wir dadurch in den Zustand der Überorganisation geraten. Um einige quantitative Größenvorstellungen zu geben, sei erwähnt, daß z. B. in den Zentralabteilungen eines Großkonzerns innerhalb eines Monats mehr als 800 Berichte eingingen. Zählt man die Zahl der EDV-Ausdrucke zusammen, sind in solchen Großunternehmungen schnell 100000 und mehr Blatt erreicht. Hier ist die Koordination der Kommunikationssysteme ein grundsätzliches Problem, zumal teilweise spezifische Fachkenntnisse für die Gestaltung spezieller Teile des Berichtswesens notwendig sind. Daraus ergeben sich zentrifugale Kräfte, die dann zweckmäßigerweise durch eine zentrale Koordinationsstelle für das Kommunikationswesen zu regeln sind.

Wenn wir unter Bürokratisierung die Entwicklung verstehen, daß sich das Verhalten der Führungskräfte und Mitarbeiter mehr und mehr nach Zuständigkeitsregelungen und Verfahrensabläufen richtet, gerät die funktionell orientierte Unternehmungsorganisation leicht in diese Gefahrenzone. Damit ist ein mehr oder weniger starker Zwang zur Konzentration der Entscheidungen in der Funktionsspitze verbunden. So haben dann nachgeordnete Führungskräfte in der Regel nur Routineentscheidungen zu treffen, also Entscheidungen, die sich mehr oder weniger regelmäßig wiederholen. Sie sind oft auf wenige Wahlmöglichkeiten reduziert und daher heute im Zeichen des Computers automatisierbar geworden.

Schließlich sei noch ein Nachteil genannt, der mit der personellen Besetzung in der Funktionsspitze verbunden sein kann, wenn nämlich die für eine Funktion gewonnene Fachkraft nicht die notwendigen Qualifikationen besitzt. Es besteht dann die Gefahr, daß sich ihr Versagen auf den ganzen Funktionsbereich auswirkt. Die Praxis kennt immer wieder solche Beispiele. Gelingt es z. B. nicht, für den Verkauf die erste Kraft zu gewinnen oder stellt man später fest, daß die gewünschten Fähigkeiten nicht vorhanden sind, leidet darunter recht schnell der gesamte Absatz, sofern keine schnelle Änderung herbeigeführt wird. Das gleiche Problem ist gegeben, wenn z. B. die Qualifikation des Rechnungswesensleiters nicht ausreicht. Das hat oft große Auswirkungen auf die gesamte Entwicklung der Unternehmung. In solchen Fällen muß der Mangel, sofern personelle Änderungen nicht sofort möglich sind, eine Zeit hingenommen werden, oder aber die Unternehmungsspitze muß sich selbst einschalten, was dann wiederum zu einer Belastung führt. Eine andere Praxis ist die Unterstützung derartiger Linieninstanzen durch Stabsstellen.

2.1.2 Objektorientierte Unternehmungsorganisation

Im Gegensatz zur funktionellen Grundstruktur kann die Unternehmung primär auch nach den Objekten ihrer Tätigkeit gegliedert werden. Das bedeutet, daß eine Reihe ungleichartiger Arbeitsgänge und Verrichtungen für das gleiche Objekt zusammengefaßt wird. Der Objektbegriff wird in der Organisationsliteratur weitgefaßt. Er kann eine Gliederung der Funktionen nach Produkten, Produktgruppen, Käufergruppen wie z. B. Großhandel, Einzelhandel, Letztverbraucher oder auch nach bestimmten geografischen Bezirken, z. B. Inland, Ausland, umfassen. Die Objektorganisation ist häufig mit einer stärkeren Dezentralisierung der Entscheidungsbefugnisse verbunden, worauf wir noch gesondert eingehen. In der Praxis gibt es primär nur objektorientierte Unternehmungsstrukturen selten; sie sind meist im Anfangsstadium von Unternehmungszusammenschlüssen oder in Dachgesellschaften verbundener Unternehmungen anzutreffen. Die Regel ist, daß die primär objektorientierten Unternehmungen im technischen Bereich eine Differenzierung nach Objekten haben, die teilweise mit kaufmännischen Tätigkeiten verbunden sind; im übrigen aber sind kaufmännische Funktionen in einem kaufmännischen Bereich zusammengefaßt. Das gilt in der Regel für die Finanzen und das Rechnungswesen. Beispiele für diese Unternehmungsstruktur gibt es in den öffentlichen Versorgungsunternehmen der Energie- und Wasserwirtschaft oder in Verkehrsunternehmen.

In objektorientierten Unternehmungen ist es ein besonderes Problem, die Einheit der Leitung zu gewährleisten. Bei einem Übergewicht von objektbezogenen Spezialisten im Unternehmungsaufbau hat z. B. der Funktionsspezialist für das Rechnungs- oder Personalwesen oft Schwierigkeiten. So ist bemerkenswert, daß in der Eigenbetriebsverordnung vom 21. 11. 1938 und den heutigen Nachfolgegesetzen der Länder, womit erstmals alle wirtschaftenden Betriebe der Gemeinden dem gleichen Recht unterstellt wurden, die Organisation der kaufmännischen Tätigkeit besonders geregelt wird. Es heißt darin, daß der Gemeinderat einen Werkleiter zum Ersten Werkleiter bestellen kann; ist gleichzeitig ein weiterer Werkleiter für die kaufmännischen Angelegenheiten bestellt, so ist er für das Rechnungswesen verantwortlich. In früheren Jahrzehnten war auch die Organisation des Bergbaus sehr objektorientiert. Die Absatzprobleme wurden durch das Kohlensyndikat gelöst. Die verbleibenden kaufmännischen Arbeiten rangierten daher an zweiter Stelle. Je notwendiger es in den späteren Jahrzehnten wurde, auch die kaufmännische Tätigkeit in der organisatorischen Struktur sachgerechter einzuordnen, desto größer wurden die personellen Probleme in bezug auf die kaufmännischen „Funktionsspezialisten".

2.1.3 Objekt- und funktionsorientierte Organisation

2.1.3.1 *Dezentralisierte Geschäftsbereichsorganisation*

Eine spezielle Kombination von objektorientierter und funktioneller Organisation ist die dezentralisierte Geschäftsbereichsorganisation. Ende der 60er Jahre führten viele Großunternehmungen eine neue Aufbaustruktur ein. In Anlehnung an amerikanische Vorbilder lag das Modell einer Unternehmung zugrunde, das nach sogenannten gewinnverantwortlichen, selbständigen Geschäftsbereichen (Divisions) gegliedert war, weshalb auch die Bezeichnung Divisionalisierung verwendet wird. Verfolgt man die Geschichte einzelner Großunternehmungen, ist auch für sie festzustellen, daß nichts beständiger ist als der

Wandel. Dabei handelt es sich zu einem wesentlichen Teil um die Anpassung des Systems an veränderte Umweltbedingungen.

In Zeiten der Rüstungs- und Kriegswirtschaft, wie wir sie in den 30er und 40er Jahren erlebten, aber auch in den Jahren der bedarfshungrigen Nachkriegswirtschaft, stand das Produzieren für einen stetig steigenden, in Kriegszeiten nahezu unbegrenzten Bedarf an erster Stelle aller wirtschaftlichen Tätigkeit. Hierzu paßte eine möglichst zentrale funktionsorientierte Unternehmungsorganisation. Anders liegen die Verhältnisse in Zeiten des Käufermarktes. Die Bundesrepublik erlebte ihn nach langer Zeit erstmalig wieder Ende der 60er Jahre. Die Unternehmen standen wieder in einem verstärkten Wettbewerb untereinander. Er entwickelte sich nicht nur im nationalen, sondern in wachsendem Maße auch im internationalen Rahmen, insbesondere durch das Eindringen großer multinationaler Unternehmungen.

Der Aufbau einer dezentralisierten Geschäftsbereichsorganisation hat vielfach folgende Gliederung (Abb. 3). Ein großer Teil der unternehmerischen Entscheidungen wird auf weitgehend selbständige Geschäftsbereiche, auch Sparten oder Unternehmensbereiche genannt, delegiert. Sie sind in industriellen Unternehmungen meist verantwortlich für Auf-

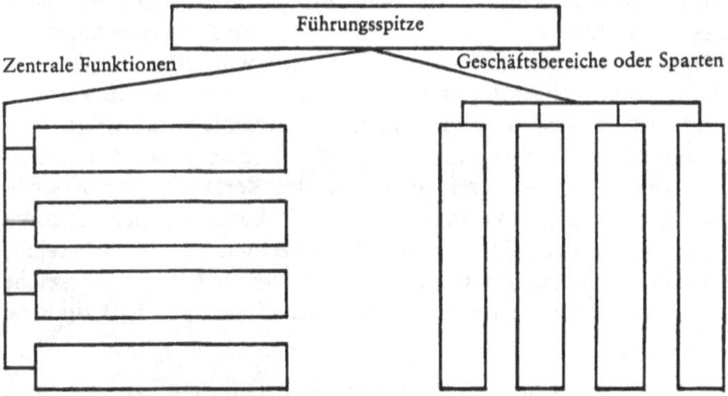

Abb. 3. Schema einer dezentralisierten Geschäftsbereichsorganisation

gaben der Entwicklung, Fertigung und des Vertriebs, ebenso wie für die Personalwirtschaft und die laufenden kaufmännischen Aufgaben. In den Großunternehmungen der Chemie sind solche Geschäftsbereiche z. B. gegliedert nach anorganischen Chemikalien, organischen Chemikalien, Kunststoffen und Lacken, Farben, Pharma usw. In der Montan-Industrie gibt es Geschäftsbereiche für die Gruppe Stahl, Gießereierzeugnisse, Fahrzeug- und Transporttechnik, Stahlbau. Daneben bestehen Zentralabteilungen oder auch Stabsabteilungen, die für diese Geschäftsbereiche bestimmte Dienstleistungen zu erbringen haben. Sie gliedern sich z. B. nach: Finanzierung, Zentrales Personalwesen, Rechts- und Steuerwesen, Marketing. In den großen multinationalen Unternehmungen haben wir meist noch eine zusätzliche geographische Gliederung, in der die verschiedenen über die Welt verstreuten Betriebsstätten oder Tochtergesellschaften – gleichsam in einer dritten Dimension – nach regionalen Gesichtspunkten zusammengefaßt sind, z. B. nach Tochtergesellschaften oder Betriebsstätten in USA, Europa oder Afrika.

Der hier skizzierte Unternehmungsaufbau als Kombination von primärer Funktions- und Objektgliederung hat die Besonderheit, daß die Funktionsbereiche in der Regel kein unmittelbares Anordnungsrecht gegenüber den Geschäftsbereichen haben. Ihre Autorität besteht vielmehr in der überzeugenden Sachkenntnis, wie es im Geschäftsbericht einer entsprechend organisierten Großunternehmung zu lesen war. Ihre Aufgabe ist, dafür zu sorgen, daß das Gesamtunternehmen nach den letzten und besten Erkenntnissen arbeitet und die zukünftige Entwicklung rechtzeitig und genügend beachtet wird. Die Tätigkeit der Funktionsbereiche ist die der Beratung und Koordinierung. Ihre „funktionale Autorität" kann vielfach dadurch gestärkt werden, daß die für die einzelnen Funktionsbereiche Verantwortlichen gemeinsam mit den für die Geschäftsbereiche verantwortlichen Führungskräften die Gesamtgeschäftsführung bilden.

In der Praxis gibt es selbstverständlich Differenzierungen auch bei dieser Organisationsform. Sie entstehen vor allem durch unterschiedliche Konzepte der finanziellen Koordination. Dabei lassen sich drei Formen unterscheiden [41, S. 180]:

- das Cost-Center-Konzept
- das Profit-Center-Konzept
- das Investment-Center-Konzept.

Man kann diese verschiedenen Organisationskonzepte auch nach dem Grad der Entscheidungszentralisation charakterisieren. Das Cost-Center-Konzept ist praktisch ein Geschäftsbereich mit dem geringsten Entscheidungsspielraum. Er ist wie eine große Kostenstelle zu sehen, in der der Verantwortliche primär für die Einhaltung der Kostenzielvorgaben zuständig ist. Der ihm eingeräumte Spielraum erstreckt sich im Grunde darauf, die Kosten zu minimieren. Eine weitergehende Verantwortung mit entsprechend größerem Entscheidungsprofil gewährt das Profit-Center-Konzept. Der Geschäftsbereich erstellt seine eigene Erfolgsrechnung, und der für ihn Verantwortliche wird am Ergebnis gemessen. Die Investitionen der Geschäftsbereiche unterliegen allerdings nicht ihrer Kompetenz. Der Gewinn ist daher in hohem Maße von der jeweiligen Investitionspolitik abhängig. Es empfiehlt sich deshalb ein anderer Renditemaßstab. Der in den einzelnen Geschäftsbereichen erzielbare oder erzielte Periodengewinn kann in das Verhältnis zum jeweiligen investierten Kapital gesetzt werden. Es ergibt die sogenannte ROI-Kennziffer. Die Abkürzung bezieht sich auf das von *Du Pont de Nemours* entwickelte Return-on-Investment-Konzept.

Eine spezielle Gefahr personeller Konflikte ergibt sich aus der Kompetenzregelung für die Geschäfts- und Zentralbereiche. Bei der Erörterung des Projekt-Managers gehen wir auf die verschiedenen Abstufungen der Kompetenzen bei einer mehrdimensionalen Organisation ausführlich ein, worauf verwiesen sei. Bei der Unternehmungsorganisation, die vom Prinzip der Geschäftsbereichsgliederung ausgeht, haben wir meist die bereits erwähnte Regelung, daß den Leitern der Zentralbereiche keine unmittelbar gegenüber den Geschäftsbereichen wirksamen Weisungsrechte gegeben sind. Sie haben in erster Linie

Informationsbefugnisse und Rechte auf Information. Es wird unterstellt, daß ihre funktionale Autorität ausreicht, um die Funktionsbelange ausreichend wahrzunehmen.

2.1.3.2 *Vor- und Nachteile*

Mit der den Leitern der Geschäftsbereiche übertragenen größeren Selbständigkeit, wie sie vor allem mit der Profit-Center- oder Investment-Center-Konzeption gegeben ist, wird das Verantwortungsgefühl gestärkt und ein größerer Spielraum für die persönliche Initiative eingeräumt. Der Leiter eines Geschäftsbereichs ist in höherem Maße daran interessiert, keine Mißerfolge zu haben. Da alle für die Erzeugung und den Verkauf eines Produktes wesentlichen Funktionen von ihm verantwortet werden, gibt es auch keine störenden gegenseitigen Abhängigkeiten, wie sie z. B. bei einer funktionsorientierten Gliederung vorhanden sind. Der Leiter einer Sparte oder Division wird gleichsam zum Sub-Unternehmer. Dazu trägt bei, daß er am Ergebnis seines Geschäftsbereichs beteiligt wird. Bei der Geschäftsbereichsorganisation entsteht auch gleichzeitig ein Druck auf die Leistungen der zentralen Funktionen. Die „Sub-Unternehmer" treten den Zentralabteilungen selbstbewußter gegenüber und fordern damit auch diese heraus, ihre Leistung stets zu verbessern.

Die dezentralisierte Geschäftsbereichsorganisation kann bei optimalem Funktionieren als ein System mit weitgehender Selbststeuerung seiner Elemente gesehen werden. Das gibt der Unternehmungsspitze mehr Freiheit für die grundsätzlichen Führungsaufgaben, für die Entwicklung und das Setzen der Unternehmungsziele, die mit entsprechender Differenzierung von den Geschäftsbereichen mit Unterstützung der zentralen Funktionsbereiche erreicht werden sollen. Die Unternehmungsspitze kann sich dann ebenso auf die Überwachung der Ziele konzentrieren.

Der obersten Geschäftsführung obliegt allerdings auch eine besondere Verantwortung im Rahmen einer solchen Organisation. Sie beginnt bei der Auswahl vor allem der Geschäftsbereichsleiter. Die Geschäftsführung muß dafür sorgen, daß genügend Anreize zur Leistung bestehen. Hier gilt es, die Erkenntnisse der Motivationstheorie mit dem praktischen Erfahrungswissen so zu kombinieren, daß die zweckmäßigsten Formen der Entlohnung, der Ausstattung mit Rangsymbolen usw. gewährleistet sind. Dazu gehört, daß dem Geschäftsbereichsleiter deutlich gemacht wird, was man von ihm erwartet; die zu erreichenden Ziele müssen natürlich auch praktikabel sein. Es ist ebenso notwendig, daß er bei der Zielsetzung in angemessener Weise mitbeteiligt wird. Wichtig ist ferner, daß der Leiter eines Geschäftsbereiches in nicht zu großen Abständen regelmäßig darüber informiert wird, welches Ergebnis er erzielt hat. Ein wichtiges Instrument ist die Budgetierung. „Die Unternehmensleitung muß bei der Zielvorgabe neben den sachbedingten Notwendigkeiten, der Leistung der Vergangenheit, auch die Leistungsmotivierung und das zumutbare Anspruchsniveau bei der Budgetsetzung im Auge haben“ [77, S. 166].

Mit den zuletzt beispielhaft aufgezeigten Anforderungen an die Unternehmungsspitze gegenüber den Führungskräften sind bereits die möglichen Nachteile dieser Organisationsform angedeutet. Die Aufgabe, Sub-Unternehmer zu sein, verlangt nicht nur Fachwissen, sondern gleichzeitig die Qualifikation einer Führungskraft hinsichtlich Initiative und Verantwortungsfreudigkeit. In Großunternehmungen ist der entsprechende Bedarf recht groß. Das wurde bei Umstellungen auf diese neue Organisationsform immer wieder spürbar. Behilft man sich mit qualitativ weniger guten Geschäftsbereichsleitern, besteht das Dilemma, daß man Sub-Unternehmer hat, die ihre Aufgabe nicht erfüllen. Die Belastung der Unternehmungsspitze ist dann genauso groß wie bei der funktionellen Gliederung, wenn nicht noch größer. Hinzu kommt, daß unter Umständen die Risiken steigen.

Sind tüchtige Geschäftsbereichsleiter vorhanden, werden sie bemüht sein, als Leiter von Geschäftsbereichen die ihnen gesetzten Ziele zu erreichen. Das kann dazu führen, daß sie das Geschäftsbereichsinteresse überspitzen. Da sie Teil einer Unternehmung sind, ist es unvermeidlich, daß gegenseitige Abhängigkeiten zwischen den Geschäftsbereichen bestehen, auch wenn sie noch so gering sind. Daraus können personelle Konflikte entstehen. Sie werden um so größer, je mehr z. B. bei der Profit-Center-Konzeption die einzelnen Sub-Unternehmer bei Investitionswünschen um einen möglichst großen Anteil kämpfen. Ist die unternehmerische Tüchtigkeit mit starkem persönlichen Ehrgeiz gepaart, kann es zu unliebsamen Auseinandersetzungen bei den Geschäftsführungskonferenzen kommen, die dann ein hohes Geschick zum Ausgleich bei der Unternehmungsspitze verlangen. Das Bestreben, sich zu profilieren, kann sich auch nach außen auswirken. Hier entstehen Probleme, wenn ein Großunternehmen Kunden hat, die gleichzeitig Lieferant für einzelne Geschäftsbereiche sind. Eine weitere Gefahr personeller Konflikte kann sich aus der Zusammenarbeit der Geschäftsbereiche und Zentralbereiche ergeben. Da es sich hier um die gleiche Problematik handelt, wie sie bei der Arbeit der Stäbe generell gegeben ist, sei auf die Ausführungen darüber verwiesen.

Die Schwierigkeiten, die mit einer dezentralen Geschäftsbereichsorganisation verbunden sein können, verlangen von der obersten Unternehmungsspitze eine neue Führungsqualität. Bei manchen Umstellungen auf die divisionale Organisation war festzustellen, daß sich das oberste Management bisher oft jahrzehntelang an die funktionelle Gliederung angepaßt hatte. Es war an die Überwachung der einzelnen Funktionsbereiche und ihre Koordination so gewöhnt, daß es ihm nicht leichtfiel, sich auf die neue Art der Unternehmensführung bei kombinierten Funktions- und Geschäftsbereichen umzustellen. Sie verlangt ein Vertrautsein mit einem neuen Führungsinstrumentarium, das insbesondere durch strategische und taktische Planung und durch ein umfassendes Informationssystem verbunden ist.

2.1.4 Sonderformen

In den Ausführungen über die dezentralisierte Geschäftsbereichsorganisation wurde bereits darauf hingewiesen, daß sich die organisatorischen Strukturen einer Unternehmung im

Laufe der Zeit wandeln, weil neue Marktbedingungen oder Technologien dazu zwingen. Aus personeller Sicht geht es letztlich darum, jeweils die organisatorischen Voraussetzungen zu schaffen, die den Führungskräften und ihren Mitarbeitern alle Möglichkeiten geben, ihre Arbeiten auf die neuen Umweltbedingungen einzustellen. Organisatorische Strukturen nach dem Einliniensystem mit einer hierarchischen Kompetenzstruktur sind schwerfällig, wenn es darum geht, gegenüber den wechselnden Marktvorgängen flexibel zu sein. Je nach der Sachlage bedarf es entsprechender ad hoc-Maßnahmen oder auch organisatorischer Regelungen, die das vorhandene Aufbaugefüge ergänzen.

2.1.4.1 *Ausschüsse*

Eine schon seit jeher in der Praxis übliche organisatorische Maßnahme zur Bearbeitung von Sonderfragen ist die Einrichtung von Ausschüssen, Kommissionen, Komitees und ähnlichen Gremien, die *Kosiol* unter der neutralen Bezeichnung Kollegium oder Kollegien zusammenfaßt. Solche Kollegien aus mehreren Mitgliedern erhalten ein Ziel gesetzt, das in gemeinsamer Arbeit erreicht werden soll. „Diese Gemeinsamkeit soll zu einem inneren Wirkungszusammenhang der Kollegienmitglieder führen, der über das rein räumliche und zeitliche Miteinander hinausgeht“ [54, S. 157f.]. *Kosiol* unterscheidet zwischen Entscheidungs-, Beratungs-, Informations- und Ausführungskollegien. Der *Arbeitskreis Krähe*, der von Ausschüssen spricht, gliedert nach Ausschüssen zum Erfahrungsaustausch, Beratungs-, Entscheidungs- und Kontrollausschüssen [3, S. 57].

Bei der Stellung der Ausschüsse im Rahmen der Unternehmungsorganisation können wir in Anlehnung an *Kosiol* unterscheiden zwischen der Zusammenfassung hierarchisch verbundener Stellen, gleichrangiger Stellen und Stellen, losgelöst von der Kompetenzstruktur. Wenn der Leiter des Verkaufs mit den ihm unterstellten Vertretern einen Verkaufsausschuß bildet, haben wir eine Zusammenfassung hierarchisch verbundener Stellen. Treten verschiedene Hauptabteilungsleiter zu einem Ausschuß zusammen, sind gleichrangige Stellen miteinander verbunden.

Sollen Einfälle und Ideenfindung nach dem in den USA entwickelten Brainstorming organisiert werden, ist es gerade Sinn und Zweck eines solchen Ausschusses, fünf bis zehn Personen aus den verschiedenen Stellen einer Unternehmung zusammenzufassen, die in keiner Weise durch die Kompetenzstruktur miteinander verbunden sein sollen.

Als Gründe, die zur Bildung von Kollegien führen, nennt *Kosiol* [54, S. 159ff.] die Pluralität der Willensbildung, die Koordinierung, die Verkürzung von Informationswegen und die Verbesserung der menschlichen Beziehungen. Ausschüsse können den Zweck haben, daß nicht die Auffassungen einer einzelnen Person allein zum Zuge kommen, sondern daß durch gemeinsame Arbeit die Meinungsbildung mit verschiedenen Beteiligten abgestimmt und damit auch ausgewogener wird. Die Pluralität der Meinungen kann aber auch gefördert werden, um durch Diskussion und gegenseitige Anregung zu neuen Ideen zu kommen. In den USA wurde hierfür die schon erwähnte Methode des Brainstorming entwickelt. Dabei versammeln sich fünf bis zehn Personen für eine kurze Zeit mit dem Ziel, sich zur Lösung eines bestimmten Problems möglichst viele neue Ideen einfallen zu lassen. Eine andere Technik der kreativen Gruppendiskussion ist die Synektik. Die Teilnehmerzahl soll hierbei weniger groß sein. Aufgabe ist das Finden von Analogien, um daraus für das ursprüngliche Problem anwendbare neue Lösungen zu finden. Das Wort Synektik stammt aus dem Griechischen und bedeutet soviel wie das Zusammenfügen von verschiedenen, scheinbar zusammenhanglosen Elementen [94, S. 39].

Der zweite wichtige Grund für die Bildung von Ausschüssen oder Kommissionen ist die Verbesserung der Koordination. Da die Arbeit in einer Unternehmung nur in einem begrenzten Umfange bis in die letzte Ausführungsphase hinein festgelegt werden kann, bestehen Dispositionsspielräume, die vom einzelnen Mitarbeiter subjektiv ausgefüllt werden. In Ausschüssen sind auf kürzestem Wege regelmäßige Abstimmungen zwischen den an einem Arbeitsobjekt oder einem Arbeitsablauf Beteiligten leichter möglich. Informationswege werden verkürzt. Je nachdem, wie Ausschüsse zusammengesetzt sind, kann die Tätigkeit in solchen Gremien vorhandene Rangunterschiede auflockern. Außerdem ist die Möglichkeit gegeben, daß sich Funktionsspezialisten durch gemeinsame Ausschußarbeit menschlich näherkommen, so daß damit das Kontaktbedürfnis des Menschen gefördert wird. So kann es unter Umständen zweckmäßig sein, Kollegien in erster Linie zwecks Verbesserung der menschlichen Beziehungen zu bilden.

2.1.4.2. *Produkt-Management*

Produkt-Management ist nach *Jürgen Wild* „die kombinierte Anwendung verschiedener Mittel und Maßnahmen zur Verwirklichung der Idee einer schlagkräftigen marktorientierten Unternehmensführung und damit konkreter Ausdruck des Marketing-Denkens in der Gestaltung des Führungssystems einer Unternehmung" [124, S. 11]. Die organisatorische Struktur dieser Sonderform ist mit der divisionalen Organisation in bezug auf das auch hier gegebene Mehrliniensystem vergleichbar. Man kann beide Lösungen etwa so kennzeichnen, daß das Produkt-Management als „kleine Lösung", die Divisionalisierung dagegen als „große Lösung" anzusehen ist [125, S. 31]. Beide Formen schließen sich deshalb nicht aus. Das Produkt-Management ist, wie schon gesagt, eine marketingorientierte organisatorische Sonderform, während die divisionale Organisationsstruktur ein primäres Gliederungsprinzip der gesamten Unternehmung ist. Der Produkt-Manager kann z. B. die Aufgabe haben, aus einem größeren Produktionsprogramm ein bestimmtes Erzeugnis oder eine Erzeugnisgruppe besonders zu fördern. So wurde in einer Großunternehmung der Nahrungsmittelindustrie der Produkt-Manager besonders für alle Erzeugnisse verantwortlich gemacht, die auch von Diabetikern gekauft werden können. Die von ihm zu überwachenden Vorgänge beginnen mit der Entwicklung einer neuen Konzeption, gehören zum Einkauf ebenso wie zur Erzeugung und Kalkulation und schließlich zum Verkauf. Die Tätigkeit kann in der Weise abgegrenzt sein, daß ein Produkt-Manager die laufenden, ein anderer Produkt-Manager die neuen Produkte betreut.

Wichtigster Vorteil des Produkt-Managements ist die produktbezogene Koordinierung und die engere Verknüpfung der Unternehmungsbereiche mit dem Markt, schließlich durch schnellere Kommunikation die Möglichkeit zu haben, sich schneller anzupassen. Die Nachteile sind aber auch nicht zu übersehen. Je nachdem, welche Kompetenzen dem Produkt-Manager gegeben sind, bestehen oft recht schwierige Konflikte. Die vorhin aufgezeigten Vor- und Nachteile bei der Kombination von Funktions- und Objektgliederung wiederholen sich gleichsam im kleinen. Wenn der Produkt-Manager alle produktbezogenen Aktivitäten der Unternehmung zusammenfassen soll, sind die Konflikte davon abhängig, in welchem Umfange ihm Weisungsbefugnisse gegenüber den Stellen gegeben sind, die an dem von ihm betreuten Produkt arbeiten. Je weniger Kompetenzen er hat, desto mehr bedarf es der besonderen Fähigkeiten des Produkt-Managers zu überzeugen. Damit ist unter Umständen die Gefahr verbunden, daß nicht immer die besseren Argumente, sondern die größere Beredsamkeit und das bessere Verhandlungsgeschick bestimmend sind.

Die Kompetenzprobleme, die mit dem Produkt-Manager gegeben sind, sind grundsätzlich die gleichen, wie sie auch für das Projekt-Management bestehen. Das Produkt-Management wird in der Praxis jedoch mehr in Anlehnung an die Geschäftsbereichsorganisation organisiert. Das heißt mit anderen Worten, daß dem Produkt-Manager kein generelles Weisungsrecht gegeben wird. Dafür werden ihm aber auf andere Weise Möglichkeiten geboten, seine Aufgabe wahrzunehmen, für die ihm übertragenen Produkte die gewünschten Marktziele zu erreichen. Im einzelnen ist das abhängig von der Art der Zusammenarbeit mit den in Frage kommenden Abteilungen, wie z. B. den Abteilungen für Marktforschung, Werbung, Verkauf, Forschung und Entwicklung, Produktion, Finanzen. Hier kann ihm im einzelnen z. B. ein funktionales Weisungsrecht eingeräumt werden, etwa bei der Auftragserteilung in der Werbeabteilung. Bei der Forschung und Entwicklung kann ihm ein Kontrollrecht eingeräumt werden und bei der Produktion beispielsweise ein Vetorecht, um nur einige Modifikationen zu nennen. Die ganze Problematik des Produkt-Managers wird am besten damit verdeutlicht, daß er bei fehlenden oder sehr differenzierten Kompetenzen aber die Ergebnisverantwortung für seine Produkte hat.

Der Produkt-Manager ist ein Spezialist besonderer Art und besitzt daher alle Vor- und Nachteile, die eine solche Funktion mit sich bringt. Die Problematik dieser Tätigkeit wird anschaulich, wenn man sich die Anforderungen vergegenwärtigt, die man an ihn stellt [125, S. 238]. Dazu gehören

- schöpferische Fähigkeiten, Ideenreichtum, Kreativität
- Überzeugungskraft und Verhandlungsgeschick
- Beharrlichkeit, Initiativkraft, Selbstbewußtsein und Ehrgeiz
- Kontaktfähigkeit und Teamfähigkeit
- unternehmerische Einstellung
- Verantwortungsbewußtsein und Zuverlässigkeit.

Dem Hinweis von *Wild* kann nur zugestimmt werden, daß das Produkt-Management-Konzept mit der richtigen personellen Besetzung steht und fällt.

2.1.4.3 *Projekt-Management*

Vor ähnlichen Problemen wie der Produkt-Manager steht auch der Projekt-Manager. Er ist nicht für ein Produkt verantwortlich, sondern für ein in der Unternehmung durchzuführendes Projekt, z. B. die Einführung einer automatischen Datenverarbeitung im gesamten Rechnungswesen der Unternehmung oder die Umstellung der Unternehmungsorganisation von einer primär funktionellen Gliederung auf eine dezentralisierte Geschäftsbereichsorganisation oder die langfristige Abwicklung eines Kundenauftrags, z. B. der Errichtung einer Walzwerksanlage im Ausland. „Beim Projekt-Management wird in der Regel eine Gruppe (Projekt-Team) mit einem verantwortlichen Projektleiter an der Spitze eingerichtet, die als zeitlich befristete Organisationseinheit für die Erledigung von Aufgabenstellungen zuständig ist, die zeitlich begrenzt, neuartig oder einmalig sind, die in die funktionale Abteilungsgliederung übergreifen (Querschnittsaufgaben), die vielseitige fachliche Ansprüche (Kombination von Spezialisten) stellen und zwecks rascher Erledigung eine hauptamtliche Führungseinheit erfordern" [125, S. 39]. Aus dieser umfassenden Definition wird deutlich, daß bei entsprechenden Aufgaben herkömmliche Organisationsstrukturen hinderlich sein können für die zügige Durchführung eines entsprechenden Projekts.

Die praktischen Erfahrungen zeigen, daß die Projekt-Organisation verschiedene Möglichkeiten organisatorischer Gestaltung kennt. Aus personeller Sicht interessieren die möglichen Kompetenzkonflikte und der Freiheitsgrad der Entscheidung, der bei der Regelung der Projektdurchführung besteht. Die Problematik der Kompetenzabgrenzung mag das Schaubild (Abb. 4) für die hier gegebene Matrixorganisation verdeutlichen [38, S. 383].

2.1.4.3.1 Abgestufte Kompetenzregelung

In Anlehnung an die Gliederung von *Othmar Hegi* seien die verschiedenen möglichen abgestuften Kompetenzregelungen kurz skizziert.

(1) Die Linieninstanzen behalten bei der Mitwirkung an Projekten das alleinige Entscheidungsrecht. Der Projekt-Manager befindet sich in der Rolle des Stabsmannes, der ein Informations- und Beratungsrecht, aber kein Weisungsrecht hat. Umgekehrt ist die Linieninstanz gehalten, ihrerseits den Projekt-Manager zu informieren und sich auch beraten zu lassen. Diese Praxis ist vielfach bei Projekten anzutreffen, die von klassischen Stabsabteilungen, z. B. einer Organisationsabteilung, durchgeführt werden. Es kommt hier entscheidend auf die Kooperationsbereitschaft der Linieninstanz und der funktionalen Autorität der Stabsstelle an.

(2) Es bedarf keiner Frage, daß die vorhin genannte Organisationsform nicht ausreicht, wenn Projekte zuverlässig termingemäß abgewickelt werden müssen. Die Linieninstanz hat daher nicht mehr das alleinige Entscheidungs-

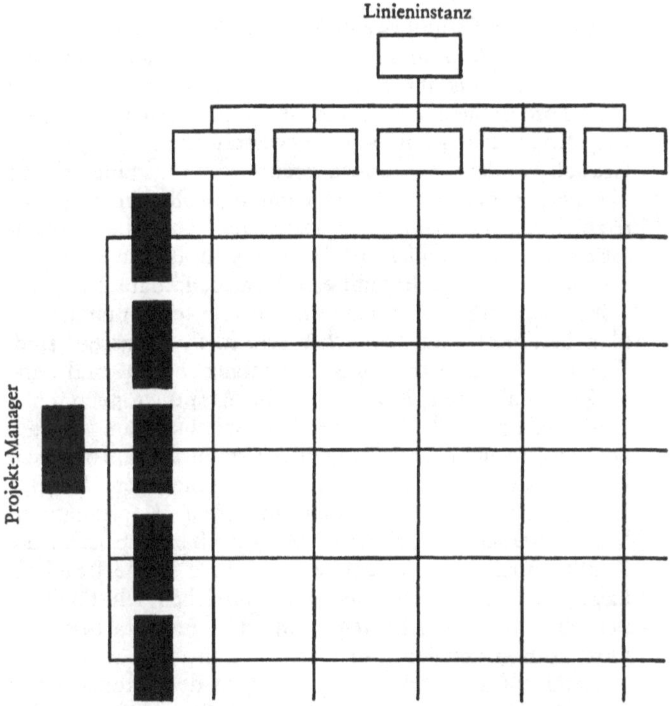

Abb. 4. Prinzip der Matrix-Organisation

recht, sondern muß den Projektleiter konsultieren, der das Recht und die Pflicht hat, bei Bedenken die nächsthöhere Instanz zu unterrichten. Diese hat dann die notwendige Entscheidung zu treffen. Bei dieser Regelung hat gleichsam die Linieninstanz ein Vetorecht mit aufschiebender Wirkung.

(3) Die Kompetenzen sind so geregelt, daß sowohl die betroffene Linieninstanz als auch der Projekt-Leiter die gleichen Entscheidungsrechte haben. Wird keine Einstimmigkeit erreicht, entscheidet automatisch die nächsthöhere Instanz. Hier haben wir die klassische Form des Matrix-

Management. Es unterstellt, daß sich die Linieninstanz und die Projektinstanz in sachgemäßer Form zusammenfinden. Beide sollen aus ihrer fachlichen Verantwortung heraus klare Forderungen stellen und sie durchzusetzen versuchen. Die Konfliktsituation wird gewissermaßen als positive Grundlage der Zusammenarbeit gesehen. Eine solche „Förderung von Konflikten“ kann sinnvoll sein, wenn sie dazu beiträgt, Mängel zu beseitigen und die Organisation weiterzuentwickeln [53, S. 58]. In diesen Fällen der Projektorganisation kommt es entscheidend darauf an, daß Aufgaben, Verantwortung und Kompetenz hinreichend klar bestimmt und möglichst schriftlich festgelegt sind. Wenn die Projekte größeren Umfang haben und eine größere Zahl von Abteilungen in Anspruch genommen wird, bedarf es „flankierender“ Maßnahmen, um zu einer konfliktgerechten Projektorganisation zu kommen. Dazu kann beispielsweise gehören, daß zwischen dem Projekt-Management und den Linieninstanzen Koordinatoren bestellt werden, die primär die Aufgabe haben, permanente Konfliktmöglichkeiten zu beseitigen. Eine solche Regelung hatte ein Großunternehmen mit zahlreichen selbständigen Betriebseinheiten getroffen, um die Projektarbeit der Organisationsabteilung in der Zentrale, die sich überwiegend mit Einführung von Systemen der automatischen Datenverarbeitung in den Fertigungsbetrieben befaßte, gegenüber den Betrieben zu unterstützen. Eine weitere Erleichterung der Projektarbeit ist noch dadurch möglich, daß in der Unternehmung bestimmte Dienste, z. B. Schreibbüro, Zeichenbüro, eindeutig als zentrale Dienstleistungsstellen festgelegt sind, also von einer Vielzahl von Abteilungen – so auch vom Projekt-Manager – in Anspruch genommen werden dürfen.

(4) Der Projekt-Manager hat Entscheidungsrecht, muß aber die Linieninstanz informieren und sich ihres Rates bedienen. Praktisch haben wir hier die Umkehrung der unter Punkt (2) erörterten Regelung. Denkbar ist auch noch eine weitere Stärkung des Projekt-Managers in folgender Weise.

(5) Der Projektleiter entscheidet selbständig und hat nur noch eine Informationspflicht gegenüber den Linieninstanzen, die an der Projektarbeit beteiligt sind. Damit wird praktisch die Einheit der Leitung bei der Linieninstanz durchbrochen und dementsprechend auch die Linie der Verantwortung. In der Praxis wird sie nur unter bestimmten Umständen praktikabel sein.

2.1.4.3.2 Besondere personelle Anforderungen

In der Praxis wird die Projektorganisation weitgehend dadurch beeinflußt, wie die Projektgruppe personell besetzt ist. Die Frage stellt sich weniger bei Abteilungen, z. B. Stabsabteilungen, die laufend innerhalb der Unternehmung einzelne Projekte durchführen, wie das z. B. für die schon erwähnte Organisationsabteilung typisch ist. Sie haben meist eingespielte Projektteams. Anders ist es bei Projektgruppen außerhalb der Organisationsstruktur, die auf Mitarbeiter anderer Bereiche zurückgreifen müssen. Das kann schon damit anfangen, wenn Schreib- oder Zeichenkräfte zeitweise benötigt werden, sofern keine entsprechenden Dienstleistungsabteilungen bestehen. Die Probleme werden um so größer, je qualifizierter die Mitarbeiter sind, die für ein Projekt aus anderen Bereichen herangezogen werden müssen. Hier ist die Projektorganisation weitgehend abhängig von der Kooperation der Linieninstanzen; daher ist es denn auch so wichtig, welche Rechte dem Projektleiter eingeräumt worden sind.

Ein personelles Problem ist es schließlich auch, eine unter Umständen aus verschiedenen Bereichen zusammengesetzte Projektgruppe auf den Projektauftrag einzustimmen. Es kommt gerade bei der Projektarbeit darauf an, daß sich alle Beteiligten mit der Projektaufgabe identifizieren. Manche Schwierigkeit der Durchführung entsteht dadurch, daß sich einzelne für die Projektarbeit abgestellte Mitarbeiter nicht voll und ganz hinter die Projektziele stellen, weil sie sich primär zu ihrem Linienbereich zugehörig fühlen. Es hat sich daher bewährt, daß bei großen Projekten zunächst eine Art Projektschulung abgehalten wird; sie bereitet die Projektgruppe auf die Aufgaben vor und fördert gleichzeitig das Zusammengehörigkeitsgefühl der Gruppe. Was bereits hinsichtlich der Anforderungen an den Produkt-Manager gesagt wurde, gilt in gleichem, wenn nicht noch größerem Maße für den Projekt-Manager. Er muß sich daher mit den Erkenntnissen vertraut machen, wie für Konflikte Einsicht und Verständnis gewonnen werden können, welche Konfrontationstechniken und Rollenspiele hier gegebenenfalls zu verwenden sind.

Je umfangreicher das Projekt ist, desto deutlicher wird in der praktischen Durchführung, daß es verschiedene unterschiedliche Phasen gibt, die deshalb eine recht flexible Projektorganisation verlangen. Es genügt nicht die in der Regel anzutreffende Teilung nach Projektplanung und Projektdurchführung. Aus der Praxis der Projektarbeit weist *Matthias Hirzel* darauf hin, daß zweckmäßig zwischen dem Normal-Projekt und Problem-Projekt unterschieden wird [43, S. 255ff.]. Unter dem ersteren versteht er ein Projekt, das in der Abwicklung weniger Schwierigkeiten bereitet, weil das Projekt-Management schon aus früheren Arbeiten auf Erfahrungen zurückgreifen kann. Solche Projekte sind in der Regel vom Inhalt und hinsichtlich ihrer fachlichen Probleme her bekannt. Anders ist es beim Problem-Projekt. Hier ist der Ablauf nur sehr begrenzt voraussagbar; vergleichbare Projekte fehlen. Inhaltlich handelt es sich häufig um Forschungs- und Entwicklungsprojekte, wo es darum geht, neue Erkenntnisse zu gewinnen. Gerade bei den letzteren gibt es denn auch mehrere Projektphasen, die organisatorisch unterschiedliche Forderungen stellen. Neben der Konzeptionsentwicklung stehen der Prinzipversuch, die Prüfung der Fertigungsreife, schließlich der Aufbau und die Inbetriebnahme, z. B. bei einem Großanlagenprojekt.

In den vorstehenden Ausführungen ist das Projekt als eine zeitlich befristete Organisationseinheit gesehen worden, die innerhalb einer Unternehmung bestimmte Aufgaben durchführt. Der Vollständigkeit halber ist darauf hinzuweisen, daß wir Unternehmungstypen haben, die ausschließlich Projekte durchführen, wie das z. B. für Unternehmungen des Industrieanlagenbaus gilt. Es ist ein Unternehmungstyp, der in fremdem Auftrag auf eigene Rechnung umfangreiche industrielle Anlagen plant (projektiert), beschafft (durch Fremdeinkauf oder Eigenfertigung) und erstellt. Es kann sich hier um Stahlwerke, Textil-, Zucker-, Düngemittel-, Kraftwerke u. a. Anlagen handeln. In sinngemäßer Form sind die vorstehenden Ausführungen auch auf diese Unternehmungen anzuwenden [17].

2.2 Der personelle Faktor in der Ablauforganisation

2.2.1 Wechselwirkungen zwischen Aufbau- und Ablauforganisation

Die Maßnahmen der funktionellen Ordnung, der Umfang der Zentralisation oder Dezentralisation der Entscheidungsbefugnisse, wirken sich gleichzeitig auf die Arbeitsabläufe aus, wie das auch umgekehrt gilt. Bei der Einführung automatischer Datenverarbeitung ändern sich nicht nur überkommene Arbeitsabläufe, sondern teilweise die alten Aufbaustrukturen. Die konzentrierte Informationsspeicherung und -verarbeitung bringen zwangsläufig an einzelnen Arbeitsplätzen Funktionsverluste und an anderen Arbeitsplätzen Funktionszuwachs mit sich, die sich meist nicht in den bestehenden Strukturen auffangen lassen, sondern zu notwendigen neuen Abteilungsgliederungen führen.

Es besteht aber nicht nur eine wechselseitige Beeinflussung durch die hier kurz aufgezeigten gegenseitigen Abhängigkeiten. Eine andere wechselseitige Beziehung ergibt sich aus einer Art Interdependenz zwischen Ablauf- und Aufbauorganisation im Hinblick auf den Organisationsgrad [129, Sp. 23]. Sie wird dadurch bestimmt, in welchem Ausmaß ordnende Eingriffe in den Arbeitsablauf erforderlich sind. Praktisch kann in der Unternehmung nicht alles dauerhaft geregelt (organisiert) werden. Es ist notwendig, daß ein bestimmter Improvisationsspielraum und auch eine entsprechende Dispositionsfreiheit bzw. Freiheit der Selbstentscheidung übrigbleiben. Sind diese nicht vorhanden, geraten wir in den Zustand der Überorganisation. Dem steht die Unterorganisation gegenüber. Wir sprechen davon, wenn zu wenig geordnet, der Dispositionsspielraum zu groß ist und damit die Gefahr besteht, daß die einheitliche Aufgabenerfüllung nicht mehr gewährleistet ist. Neben der Zuordnung von Menschen und Maschinen werden die Arbeitsabläufe durch den Arbeitsinhalt, die Arbeitszeit und den Arbeitsraum bestimmt. Bei allen Ordnungskomponenten kann es mehr oder weniger umfassende Festlegungen geben, die damit den Organisationsgrad bestimmen.

2.2.2 Prinzipien der Arbeitsablauforganisation

Die Regelung der Arbeitsabläufe ist insbesondere im Fertigungsbereich entwickelt worden. Auf die Einwirkungen der von *F. W. Taylor* und anderen begründeten wissenschaftlichen Betriebsführung wurde bereits hingewiesen. Im Sinne einer Optimierung des Arbeitsergebnisses werden die Arbeitsabläufe daraufhin analysiert, den Durchlauf der Arbeitsgegenstände zu beschleunigen, um den Umlauf an Material und an geleisteter Arbeit kleinzuhalten, die Betriebsmittel gut zu nutzen und die Arbeitsteilung optimal anzuwenden [90, S. 172]. In unserer Arbeit beschränken wir uns auf den personellen Aspekt. Die Vielzahl der Arbeitsabläufe in den Unternehmungen läßt sich auf einige Ablaufprinzipien zurückführen. In Anlehnung an *REFA* sei folgende Gliederung gewählt.

2.2.2.1 *Einzelarbeitsplatzbezogener Arbeitsablauf*

Für dieses Prinzip ist kennzeichnend, daß der einzelne Arbeitsablauf unabhängig von der Dauer und dem Zyklus der Wiederholung der Arbeit am einzelnen Arbeitstisch oder am isolierten Arbeitsplatz mit oder ohne Hilfsmittel ausgeführt wird. Im Fertigungsbereich wird von Werkbankfertigung gesprochen. Es handelt sich um „einen ortsgebundenen Arbeitsplatz, an dem Erzeugnisse einzeln oder in kleinen Auftragsmengen vom Beginn der Bearbeitung bis zur Fertigstellung hergestellt werden. Hierbei kann allenfalls das Prinzip der Mengenteilung verwendet werden“ [90, S. 178]. Eine wichtige Voraussetzung ist, daß der hier tätige Mitarbeiter alle erforderlichen Arbeiten beherrscht. Typische Beispiele für diese Arbeitsplätze finden wir im Handwerk, aber auch in der Fertigung. In Gießereien müssen z. B. in der sogenannten Modellschreinerei Modelle angefertigt werden; in keramischen Unternehmungen sind Geschirrmuster durch den keramischen Modelleur herzustellen; in Werkstätten sind Werkzeuge und andere Betriebsmittel zu reparieren. *Gutenberg* spricht bei diesem Arbeitstyp von Handarbeit, die durch Werkzeuge unterstützt wird. Für ihn ist entscheidend, daß der Arbeitende die Führung und Steuerung des Werkzeuges hat. Er bedient nicht das Werkzeug, sondern bedient sich seiner. Aus personeller Sicht ist die relativ große Selbständigkeit der für solche Arbeitsabläufe verantwortlichen Mitarbeiter von Bedeutung.

Die für diese Ablauforganisation gewählten Beispiele stammen aus den unmittelbaren Aufgaben der Unternehmungen in Industrie und Handel. Die einzelarbeitsplatzbezogene Ablauforganisation ist dagegen typischer für die Büros im Bereich der mittelbaren Aufgaben, z. B. der Planung, Kontrolle, Personalverwaltung, Sachverwaltung und dem Rechnungs- und Finanzwesen. Die einzelarbeitsplatzorientierte Ablauforganisation ist ebenso charakteristisch für den großen, ständig wachsenden Bereich der Dienstleistungsunternehmungen in Handel, Banken, Versicherungen, Verkehr, im Gesundheits-, Bildungs- und Kulturwesen. Allerdings zeichnet sich bei wachsender Unternehmungsgröße ein immer höherer Rationalisierungsgrad ab, der insbesondere von dem im folgenden zu erörternden Prinzip bestimmt wird.

2.2.2.2 *Arbeitsablauforganisation nach dem Verrichtungsprinzip*

Das Verrichtungsprinzip ist durch eine verfahrensgebundene Ordnung der Arbeitsplätze gekennzeichnet. „Durch seine Verwirklichung entstehen Gruppen von Arbeitssystemen mit gleichem Verrichtungszweck (Werkstätten)“ [90, S. 179]. Dieses Prinzip wird daher auch als Werkstättenfertigung gekennzeichnet. Für diese Ablauforganisation in der Industrie ist weiterhin charakteristisch, daß sie in höherem Maße durch die Maschine bestimmt und teilweise von ihr beherrscht wird. Der

Einfluß der Maschine ist weitgehend davon abhängig, welche Vorbereitungszeiten für die Durchführung einer Arbeit erforderlich sind. *Gutenberg* unterscheidet zwischen der manuellen Führung des Werkzeugs durch den arbeitenden Menschen und der manuellen Steuerung des maschinellen Aggregates. Erstere haben wir bei einfachen Drehbänken oder Hobelbänken, bei denen es nicht die Maschine ist, die die Arbeitsoperation durchführt, sondern immer noch der arbeitende Mensch. Im anderen Falle übernimmt die Maschine selbst die Führung des Werkzeugs, z. B. das Drehen, Fräsen oder Hobeln des Werkstücks je nach den vorgegebenen Einstellungen der Maschine. Die Arbeitsoperation wird dann vollmaschinell durchgeführt. Die Maschine wird nur noch durch den arbeitenden Menschen gesteuert. Im Werkzeugmaschinenbereich ist die Mechanisierung soweit fortgeschritten, daß wir numerisch-gesteuerte Maschinen haben, bei denen nur noch die Eingabe des Programms und die Überwachung des Ablaufs erforderlich sind.

In Industrieunternehmungen gibt es Werkstätten als Schlosserei, Fräserei, Hobelei, Stanzerei usw. Werkstatt muß hier als Funktionsbegriff verstanden werden, nicht als räumliche Einheit, da viele solcher „Werkstätten“ in einer großen Halle untergebracht sind. In Schreib- und Rechenmaschinen-Fabriken sind die notwendigen Fertigungen von Hebeln, Stangen, Federn, Schrauben, Stanz-, Guß- und Kunststoffteilen auf eine Reihe solcher Werkstätten verteilt, in denen eine große Zahl gleicher Arbeitsmaschinen aufgestellt ist. In der Automatendreherei werden Drehteile, z. B. Scheiben, Zapfen, Wellen, Stifte usw., hergestellt; in der Kunstharzpresserei mit einer entsprechenden Maschinenbatterie werden alle Kunstharzteile, z. B. Tasten, Walzen, Drehknöpfe usw., fabriziert.

Dieses Ablaufprinzip ist ebenso in den Büros der Verwaltungen als auch der zahlreichen Unternehmungen im Dienstleistungsbereich zu finden. In der Buchhaltung sind z. B. die Angestellten an verschiedenen Arbeitsplätzen, aber nach einem gleichen Verfahrensablauf, tätig. Ähnliches gilt für Einkaufs- und Verkaufsabteilungen, aber auch für zahlreiche Büros in Handel,

Banken, Verkehr usw. Im sogenannten Schreibmaschinensaal oder Lochkartensaal haben wir im übrigen eine gewisse Parallele zur maschinellen Werkstättenfertigung in der Industrie. Für die personelle Organisation ist wichtig, daß der Grad der Selbstentscheidung gegenüber der einzelarbeitsplatzorientierten Ablauforganisation geringer geworden ist.

2.2.2.3 *Arbeitsablauforganisation nach dem Flußprinzip*

Hier stehen wir vor dem charakteristischen Ablaufprinzip der modernen Industrie, das sich in verschiedenen Stufen und Formen darstellt. „Im Flußprinzip sind die Arbeitssysteme entsprechend dem Ablauf zur Herstellung bestimmter Arbeitsgegenstände (Erzeugnisse oder Teilerzeugnisse) angeordnet. Es stellt eine erzeugnisgebundene Ordnung der Arbeitsplätze dar. So sind z. B. die Maschinen in einem Fertigungsbetrieb in der Folge der Bearbeitungsgänge aufgestellt. Die Fertigung nach dem Flußprinzip läßt sich unterteilen in Reihenfertigung und Fließfertigung, auch Fließarbeit genannt" [90, S. 180]. Wesentlich bei der Reihenfertigung ist, daß die Arbeitsplätze mit den Betriebsmitteln, also die Stellen- oder Aktionseinheiten, in der Reihenfolge der fortschreitenden Bearbeitung oder Veredelung, also nach den Anforderungen der technischen Zweckfolge, angeordnet sind. Es besteht aber keine direkte zeitliche Bindung zwischen den einzelnen Arbeitsplätzen.

Bei der Fließfertigung ist der Ablauf zeitlich gebunden. Nach der *REFA*-Definition ist Fließarbeit „eine lückenlose Folge von Vorgängen, die ein Werkstück durchläuft und die von mehreren Menschen ausgeführt werden, deren Arbeitssysteme räumlich und zeitlich aufeinander abgestimmt sind". Wir unterscheiden weiter die automatische Fertigung, wobei der Einfluß des arbeitenden Menschen je nach dem Grad der Automatisierung der einzelnen Maschinen, z. B. numerisch gesteuerte Werkzeugmaschinen, Verpackungsautomaten, Abfüllautomaten, begrenzt ist. Es gibt dann noch die Sonderformen der verfahrenstechnischen Fließfertigung, wie sie in kontinuierlich arbeitenden Großanlagen, z. B. Zementfabriken, Kunststoffabriken, Papierfabriken, anzutreffen sind. Abb. 5 gibt eine schematische Über-

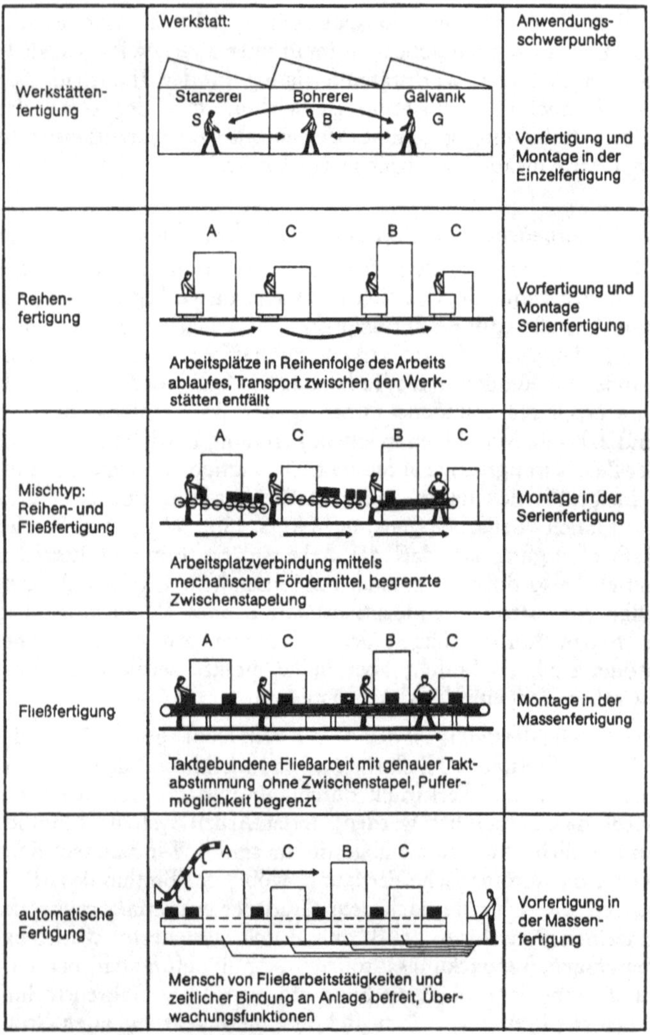

Abb. 5. Schematische Darstellung der Ablaufprinzipien für ortsgebundene Arbeitssysteme [90, S. 186]

sicht über die besprochenen Ablaufsysteme mit Ausnahme des einzelarbeitsplatzbezogenen Verfahrens.

Das Flußprinzip findet mehr und mehr Eingang in die Büros der Verwaltungen und Dienstleistungsunternehmungen. Das gilt in erster Linie für die Reihenfertigung, bei der keine direkte zeitliche Bindung zwischen den einzelnen Arbeitsplätzen besteht. Die Arbeitsplätze sind funktionsgerecht nach einzelnen Arbeitsgängen hintereinander angeordnet, z. B. in der Lohnabrechnung, soweit diese heute nicht schon über die automatische Datenverarbeitung besorgt wird. Im Zeichen der immer mehr Einzug haltenden elektronischen Datenverarbeitung in die Büros gibt es auch hier schon eine „maschinelle automatische Fertigung".

Wie in den Fertigungsbetrieben ist die Veränderung in der Funktion des arbeitenden Menschen charakteristisch. Wir erwähnten schon den bei Übergang auf die automatische Datenverarbeitung auftretenden Funktionsverlust und Funktionszuwachs. Funktionsbereiche werden teilweise stärker versachlicht und genauer nach Verantwortungsbereichen abgrenzbar. Es muß mehr als bisher zwischen qualifizierten Sachbearbeitern und Hilfskräften unterschieden werden, wodurch sich Abstiegs- und Aufstiegsmöglichkeiten zugleich ergeben. Entscheidend ist ebenso, daß für die Führungskräfte neue Anforderungen entstehen. Das gilt für das untere und mittlere Management und auch für die oberste Führungsspitze.

2.2.2.4 *Arbeitsablauforganisation bei ortsveränderlichen Arbeitsplätzen*

Die Durchführung mancher Aufgaben verlangt es, daß sich der Arbeitsplatz nach dem Arbeitsobjekt richten muß. Die Mitarbeiter haben dann keine ortsgebundene Tätigkeit. Arbeitsabläufe mit ortsveränderlichen Arbeitsplätzen gibt es innerhalb der Unternehmungen ebenso wie außerhalb. Beispiele für den ersten Fall sind die ortsveränderlichen Arbeitsplätze bei der Fließfertigung. Hier gibt es das Mitgehen an Montagebändern, wobei die Arbeit durch Werkzeuge, die an Laufschienen hängen, unterstützt wird. Eine andere Form ist die Tätigkeit auf dem beweglichen Band. In Automobilfabriken bewegen sich z. B. die

Arbeiter mit dem Montageband und verrichten dabei gleichzeitig mehrere Arbeitsgänge. Das geschieht zum Teil, um den Arbeitsraum des einzelnen gegenüber den ortsfesten Arbeitsplätzen am Fließband zu vergrößern. Arbeitsabläufe mit ortsveränderlichen Arbeitsplätzen gibt es ferner bei der sogenannten Baustellenfertigung. Hierunter versteht man das Verfahren z. B. bei der Herstellung großer Arbeitsobjekte wie etwa Schiffen, Großwerkzeugmaschinen, die wenig oder gar nicht beweglich sind. Eine Besonderheit der Baustellenfertigung ist, daß sie verschiedene Betriebsmittel benötigt. Für die Arbeitnehmer kommen zu den Problemen, die sich aus der ortsgebundenen Ablauforganisation ergeben, noch die Probleme hinzu, die mit der Ortsveränderlichkeit des Arbeitsplatzes verbunden sind. Dazu gehört z. B. die längere Abwesenheit, wenn Montagen in weiter entfernten Orten durchgeführt werden müssen.

2.2.3 Ablauforganisation bei Führungsaufgaben

Wir sind daran gewöhnt, die vielfältigen Arbeitsabläufe in den Unternehmungen in erster Linie bei der rein ausführenden Tätigkeit auf ihre Zweckmäßigkeit und Wirtschaftlichkeit hin zu analysieren und zu untersuchen. Im Laufe der Jahre ist aber die Unternehmungsführung selbst mit ihren Entscheidungen Mittelpunkt des theoretischen und praktischen Interesses geworden. So befaßt sich auch die Betriebswirtschaftslehre zunehmend mit Fragen der Unternehmungsführung. Empirische Untersuchungen sollen den Entscheidungsprozeß erhellen. So gibt es heute nicht nur Zeit- und Arbeitsstudien für die ausführenden Tätigkeiten in den Fabriken und Büros, sondern auch schon für die Tätigkeit von Unternehmungsleitern in den verschiedenen Stufen des Unternehmungsaufbaus.

2.2.3.1 *Analyse des Entscheidungsprozesses*

Je nach dem Grade der Entscheidungsfreiheit können Unternehmungsentscheidungen in selbständige und unselbständige Entscheidungen unterschieden werden. Bei den selbständigen Unternehmungsentscheidungen kann nach dem Anlaß differenziert werden zwischen Initiativentscheidungen und Anpassungsentscheidungen [2, S. 704]. In diesem Abschnitt interessieren nur die selbständigen Unternehmungsentscheidungen. Die Initiativentscheidungen sind Entscheidungen, die aus der Initiative des Unternehmers oder des einzelnen Geschäftsführers geboren werden, sind Entscheidungen aufgrund neuer Ideen. Anpassungsentscheidungen werden durch Veränderungen auf den Märkten oder auch durch technologische Wandlungen ausgelöst. Die Analyse des eigentlichen Entscheidungsvorgangs hat zu dem Ergebnis geführt, daß eine bestimmte Zahl voneinander abgrenzbarer Phasen unterschiedlichen Denk- und Tätigkeitsgehalts unterschieden werden kann. In der amerikanischen Organisationsliteratur sind hierüber zahlreiche Beiträge zu finden. Darauf aufbauend kann man von einem fünfstufigen Entscheidungsprozeß sprechen [128, S. 626]. Diese sind:

- Erkennung des Problems
- Gewinnung der notwendigen Informationen
- Entwicklung möglicher Lösungen
- Bewertung der möglichen Lösungen
- Entscheidung über die durchzuführende Lösung.

Wenn auch *Eberhard Witte* darauf hinweist, daß diese Differenzierung noch nicht wissenschaftlich abgesichert ist, sei sie doch für unsere Überlegungen hier unterstellt.

Weitere Untersuchungen haben zu Ergebnissen geführt, die dem Praktiker letztlich nicht neu sind, aber vielleicht doch nicht so bewußt waren, wie es durch die empirischen Untersuchungen herausgestellt worden ist. So kommt *Witte* zu der bemerkenswerten Feststellung, daß der komplexe und arbeitsteilige Entscheidungsprozeß sich nicht von seiner letzten Phase her, dem Entschluß, beherrschen läßt; die Instanz des „letzten Wortes" sei nicht in der Lage, sich sämtliche, im Verlauf der geistigen Operationen anfallenden Wahlhandlungen vorzubehalten. „Denn in vielen Anregungsimpulsen, Informationsverdichtungen, Datenselektionen, Prognosen und Bewertungen sind faktisch Vor- und Teilentschlüsse enthalten, die vom letzten Ergebnis (Finalentschluß) nicht mehr aufgehoben werden können, es sei denn, durch Negation des gesamten Prozeßergebnisses" [130, Sp. 497–506]. Diese Ergebnisse machen deutlich, daß beim Zustandekommen von Unternehmungsentscheidungen oft eine viel größere Zahl von Mitarbeitern den Inhalt der Entscheidung beeinflußt, als gemeinhin angenommen wird. Wie bei den arbeitsteiligen Abläufen, die nur der Arbeitsausführung dienen, gehören zum arbeitsteiligen Entscheidungsprozeß auch der rationelle Ablauf und die rationelle Nutzung von Entscheidungshilfen, seien es vergangenheitsorientierte Kontrollrechnungen oder die Ermittlung von zukunftsorientierten Alternativen [83, S. 34ff.].

Bei diesem Tatbestand des Entscheidungsprozesses im Zeichen hochentwickelter Informations- und Rechentechniken ist die Feststellung von *Witte* sehr zu beachten, daß es nicht genügt, die einzelnen Arbeitsabläufe zu ordnen, weil damit insbesondere bei komplexen Entscheidungsprozessen noch keineswegs gewährleistet ist, daß die notwendigen Entscheidungsmaßnahmen eingeleitet werden. „Es bedarf ausdrücklicher prozeßorientierter Förderungsimpulse, um die Entscheidung problemgerecht voranzutreiben. Begründete Wahrheitsvermutung besteht für die Hypothese, daß Entscheidungsprozesse der bezeichneten Art nur dann bis zum Finalentschluß reifen, wenn sie durch einen „Machtpromotor“ (Prozeßförderer kraft Stärke der Instanz) und durch einen „Fachpromotor“ (Prozeßförderer kraft Stärke der Fachargumente) mit Bewegungsimpulsen versehen werden. Für spezielle Entscheidungsprozesse lassen sich typische Phasen angeben, in denen bestimmte Eingriffe der Promotoren besonders notwendig und effizient sind“ [130, Sp. 503].

Abschließend sei kurz eine Untersuchung aus der Praxis wiedergegeben, die sich mit dem eigentlichen Finalentschluß im Entscheidungsprozeß befaßt. Sie wurde in Dun's Review and Modern Industry, New York, 1959 veröffentlicht. 111 „Presidents“ großer amerikanischer Unternehmungen waren befragt worden, welcher Hilfen sie sich bei den von ihnen zu treffenden Entscheidungen bedienten. Drei Viertel der Befragten berichteten, daß sie eine oder mehrere Abteilungen ihrer Firma benutzten. Darunter waren Stabsstellen, z. B. Planungsabteilungen, aber auch Abteilungen aus dem Bereiche der übrigen Executive. Einige antworteten, daß in Wirklichkeit die Abteilungen entschieden; bei anderen bereiteten die Abteilungen entscheidungsorientierte Informationen vor und gaben Empfehlungen. Einer der Befragten berichtete, daß er selbst keine Entscheidungen träfe, nur diejenigen bestätige, die ihm seine Angestellten unterbreiten würden. Aufschlußreich waren auch die Antworten auf die Frage, was der einzelne konkret tue, wenn er allein die letzte Entscheidung zu fällen habe, die ihm vorbereitet worden ist. Viele der Befragten fanden es nützlich, Tatsachen zu Papier zu bringen, zusammen mit einer Aufstellung von Vor- und Nachteilen, um dann zu überschauen, welche Entscheidungen sich hieraus ergeben. Einer versuchte, jeder der wichtigsten Tatsachen einen Zahlenwert zu geben und dann die Kombination mit dem größten Zahlenwert herauszufinden. Ein anderer arbeitete mit vorbereiteten Übersichten und Tatsachen. Viele sagten jedoch, daß sie sich einfach auf ihre Erfahrung aus der Vergangenheit verließen und den gesunden Menschenverstand gebrauchten. Mehrere erklärten frei, daß sie keine Formel hätten, um zu einer entsprechenden Entscheidung zu kommen, aber durchaus wünschten, eine finden zu können.

Im Grunde bestätigen diese Feststellungen das, was vorhin ausgeführt wurde. Derjenige, der die letzte Entscheidung zu treffen hat, ist praktisch nur das letzte Glied eines Entscheidungsprozesses, wobei ihm meist nichts anderes übrigbleibt, als gleichsam den Schlußstrich unter einen langen Arbeitsablauf der Entscheidungsvorbereitung zu ziehen. So bestätigte dem Verfasser ein namhafter Vorstandsvorsitzender einer Großunternehmung, daß es für ihn praktisch nicht möglich sei, eine von vielen Instanzen vorbereitete Entscheidung schließlich abzulehnen. Er könne nur dann wirksam eingreifen, wenn er sich selbst in den Entscheidungsprozeß einschalte.

2.2.3.2 *Entscheidungsprozeß und Information*

Vorstehende Ausführungen gingen zunächst von den Entscheidungen in der Unternehmungsspitze aus. Es muß ergänzt werden, daß sie grundsätzlich für die Entscheidung auf jeder Führungsstufe gelten, wenn auch in entsprechend abgewandelter Form. Wichtig ist für alle Formen von Entscheidungen, daß sie eine Reihe von Informationsvorgängen auslösen oder induzieren, und zwar

- Informationsbeschaffung und -umwandlung (Transformation)
- Informationsauswertung als Entscheidungsvorbereitung (Aufstellung von Handlungsalternativen)
- Abschließender Wahlakt (Entscheidung im engeren Sinne).

Diese Gliederung von *Grochla* [29, S. 63] weist auf das zentrale Problem aller Entscheidungsprozesse hin: die hierfür erforderliche Informationsbeschaffung und -verarbeitung.

Wie so häufig in der Geschichte der Rationalisierung von Arbeitsabläufen begann auch für die Tätigkeit der Führungskräfte eine neue Rationalisierungsphase mit dem Einzug neuer Entscheidungstechniken und technischer Hilfsmittel, insbesondere der elektronischen Datenverarbeitung. Zu den klassischen Hilfsmitteln des Entscheidungsprozesses in der Unternehmung gehört das Rechnungswesen in seiner Funktion als Entscheidungshilfe.

Die Notwendigkeit, zu besseren Entscheidungen in den Unternehmungen zu kommen, hat zu neuen Methoden der Entscheidungsfindung geführt. In Verbindung mit einer weiteren Entwicklung der Planung sind für Investitions- und Wirtschaftlichkeitsrechnungen neue Verfahren entwickelt worden, die unter dem Oberbegriff des operation research oder der Unternehmungsforschung zusammengefaßt sind. Auch bei den typischen Initiativentscheidungen sind die einzelnen Entscheidungsphasen herausgearbeitet worden, so daß ihre rationelle Aufbereitung und Durchführung verbessert werden können.

Die elektronische Datenverarbeitung war vielfach Bedingung für die Anwendung neuer Methoden und Techniken. Sie ist eine Voraussetzung für die Verbesserung des betrieblichen Informationswesens. Mit dieser Technik wird die Schnelligkeit der Informationsaufbereitung und der Informationsverdichtung zu einem Instrument der Unternehmungsstrategie. In der Praxis sind entsprechende Management-Informations-Systeme entwickelt worden. Sie sollen das zweckorientierte Wissen in systematischer Aufbereitung den Instanzen mit entsprechenden Kompetenzen zugängig machen.

Dabei geht es vor allem um Entscheidungsinformationen, Orientierungs- und Kontrollinformationen. Ein entsprechend ausgebautes Informations-System dient aber auch der Rationalisierung des Entscheidungsprozesses selbst durch eine entsprechende Computer-Unterstützung. Die Versuche mit der Entwicklung eines umfassenden Informations-Systems für alle Führungskräfte hatten bis heute nur in begrenztem Umfange ein zufriedenstellendes Ergebnis. Bei der systematischen Analyse zeigt sich, wie schwierig es ist, den Informationsbedarf für Führungskräfte, insbesondere obere Führungskräfte, zu ermitteln. Das hat zur Folge, daß die produzierten Informationen nur einen beschränkten Wert haben, weil sie oft gerade das sagen, worüber im Augenblick ihres Eintreffens keine Ungewißheit besteht. Für die Führungsentscheidungen in der Unternehmungsspitze ist es charakteristisch, daß sie unter einem mehr oder weniger hohen Grad der Ungewißheit Beschlüsse zu fassen haben. „Da man nie genau die Information erhält, versucht man, sich „viele Informationen" zu beschaffen, die — je zahlreicher sie werden —, die Extraktion der Information um so mehr erschweren" [28, S. 17].

Mit der zunehmenden Verbesserung der Computertechnik in bezug auf Hardware und vor allem Software stehen die Unternehmungen vor einer neuen Situation. Das Prinzip der sogenannten Datenbanken erlaubt es, die Verknüpfung gespeicherter Informationen weiterzuentwickeln, so daß selbst die Verknüpfungsaufgabe zum Gegenstand der Verknüpfungsarbeit des Computers wird. Dadurch wird die Information verbessert und gibt der Führung einen größeren Freiheitsgrad. „Die Idee, die Datenbestände, die man aus dem primären, automatisch ablaufenden Produktions- und Verteilungsprozeß gewinnt, in einem zweiten Prozeß auf höherer Stufe einer frei wählbar, hierarchisch nicht mehr vermittelten Verknüpfung zugängig zu machen, ist keineswegs utopisch, sondern — in Stufen — realisierbar. Die technologischen Elementbausteine sind vorhanden" [28, S. 17]. Das bedeutet aber für das Management, daß es sich auf neue Methoden der Führung, insbesondere der Entscheidungsfindung, einstellen muß. Nicht mehr die Gewinnung, Vermittlung und die Aufbereitung von Informationen sind Management-Tätigkeiten; entscheidend ist die Kenntnis der

Methoden. Management-Funktion und Informationsfunktion werden entkoppelt. „Diese Entwicklung würde voraussichtlich ein neuartiges Management-Engineering nach sich ziehen, das die Untersuchung von Antworttechniken, den Aufbau von Informationszentralen, von Direkt-Zugriffsystemen, Abfragesprachen und methodischen Vorgaben für die Entwicklung von Datenbanken betreibt" [28, S. 17].

2.2.4 Menschengerechte Arbeitsablaufgestaltung

In der Erörterung der verschiedenen Prinzipien der Ablauforganisation ist mehrfach auf die wachsende Einengung der Entscheidungs- und Dispositionsfreiheit hingewiesen worden. Die hiermit angesprochene Problematik gehört heute zu den umfassend diskutierten Problemen der Arbeitsgestaltung. Sie laufen unter den verschiedenen Bezeichnungen, z. B. Humanisierung der Arbeit, Verbesserung der Qualität des Arbeitslebens. Im Mittelpunkt steht der technische Fortschritt, der auf der einen Seite die Entlastung von schwerer körperlicher Arbeit gebracht hat, andererseits aber neue, früher nicht gekannte oder nicht erkannte Probleme mit sich brachte. Dazu gehören die immer weiter entwickelten Arbeitsabläufe nach dem Verrichtungs- und Flußprinzip, wonach die Arbeitsvorgänge verstärkt spezialisiert und standardisiert wurden, die weitere Entwicklung der Mechanisierung und Automatisierung mit der maschinengesteuerten Arbeit. Im Automobilbau war es *Henry Ford*, der als erster mit aller Konsequenz das Prinzip der Arbeitsteilung und damit der Spezialisierung mit zunehmender Mechanisierung und Automatisierung verfolgt hat. Inzwischen sind die hiermit verbundenen Probleme Gegenstand der Gesetzgebung geworden.

Im vierten Teil des Betriebsverfassungsgesetzes 1972 legt der Gesetzgeber unter der Überschrift „Mitwirkung und Mitbestimmung der Arbeitnehmer" den Umfang der Rechte und Pflichten des Betriebsrates fest. Im Abschnitt „Gestaltung von Arbeitsplatz, Arbeitsablauf und Arbeitsumgebung" sind in §§ 90 und 91 vor allem die Unterrichtungs- und Beratungsrechte festgehalten, die dem Betriebsrat bei entsprechenden Unternehmungsplanungen einzuräumen sind, sofern sich bei den vorgesehenen Maßnahmen schon im Stadium der Planungen Auswirkungen auf die Art der Arbeit und die Anforderungen an die Arbeitnehmer zeigen. Im Mittelpunkt der Diskussionen steht immer wieder das Für und Wider der Ablaufgestaltung nach dem Verrichtungsprinzip, insbesondere dem Flußprinzip. Wir stehen hier vor den Problemen der Massenfertigung in der Industrieunternehmung. Neben den meist erwähnten Automobilfabriken mit ihren oft hunderte Meter langen Zusammenbaustraßen sind die vielfältigen Massenarbeiten in der Textilindustrie, Gummiindustrie oder Elektroindustrie nicht zu übersehen, in denen es vor allem Frauen sind, die an Fließbändern beschäftigt werden. Inzwischen sind neue Formen der Arbeitsgestaltung entwickelt worden, die teilweise vom Fließbandprinzip zu einzelarbeitsplatzorientierten Arbeitsabläufen zurückkehren. Es sei hierzu auf das norwegische Modell der sich selbst steuernden Teilgruppen hingewiesen.

Im Rahmen der Zielsetzung unserer Arbeit soll diese Problematik nicht ausführlich erörtert werden. Es sei dazu auf die einschlägige Literatur verwiesen [112]. Das Bundesministerium für Forschung und Technologie schenkt diesen Fragen ebenfalls besondere Beachtung. Gewerkschaften, Arbeitgeberverbände, Parteien und viele andere soziale Institutionen beschäftigen sich gerade in diesen Jahren besonders mit den hier angesprochenen Fragen. Fernsehen, Rundfunk und Presse beteiligen sich an dieser aktuellen Diskussion.

Eine zentrale Forderung ist die inhaltliche Umgestaltung der menschlichen Arbeit im Sinne von mehr Autonomie für alle Arbeitenden. Welche Forderungen hierzu aufgestellt werden, veranschauliche der nachstehende Katalog [27, S. 58]:

(1) Eine befriedigende Tätigkeit sollte unterschiedliche Fähigkeiten und Fertigkeiten des einzelnen aktivieren. Die Einzelaufgaben sollten sinnvoll zusammengesetzt sein und den Arbeitnehmer in die Lage versetzen, einen eigenen Arbeitsrhythmus aufzubauen.

(2) Jede Arbeit sollte so strukturiert sein, daß der Arbeitende aus seinen Aufgaben etwas lernt, seine Kenntnisse erweitert und damit allgemein seine Lernfähigkeit wachhält.

(3) Jeder braucht einen Mindestraum für eigene Entscheidungen. Er muß Möglichkeiten zur Kontrolle seiner Arbeitsergebnisse erhalten. Dabei muß er an der Festlegung der Standards beteiligt sein, die er einzuhalten hat.
(4) Die Arbeit soll ineinandergreifende Aufgaben, Arbeitsplatzwechsel und soziale Kontakte bieten, damit die einzelnen sich gegenseitig informieren, helfen und unterstützen können.
(5) In jeder Arbeit sollten Qualifikationen wie Sorgfalt, Geschicklichkeit und Kenntnisse enthalten sein, die auch in der Gesamtgesellschaft geschätzt werden.
(6) Jede Tätigkeit bzw. jede Arbeitsgruppe sollte einen merklichen Beitrag zum Nutzen des Produkts für den Konsumenten leisten.
(7) Letztlich sollte jede Arbeit mit Hoffnungen auf zukünftige, gleichbleibende Einkommenserhöhungen, die Ausweitung der Kenntnisse und die Möglichkeit des Aufstiegs verbunden werden können.

In der Diskussion gibt es über die angesprochenen Fragen zum Teil kontroverse Auffassungen. So ist zu lesen, daß auch die Arbeit am Fließband vertretbar sein kann, wenn sie selbst und die Besetzung des Bandes nach arbeitswissenschaftlichen Grundsätzen erfolgt. Es wird auf die unterschiedliche Veranlagung, die typologischen Unterschiede der Menschen hingewiesen, weshalb nicht alle Menschen das Gleiche bei gleicher Arbeit empfinden und das Empfinden davon abhängt, ob die Arbeit den Fähigkeiten des Arbeitenden adäquat ist oder nicht [74, S. 91]. In einer ausführlichen Arbeit über Untersuchungen zur Arbeitsstrukturierung setzt sich *G. Rühl* mit modischen Falschbehauptungen auseinander, die nach seiner Meinung in der öffentlichen Diskussion immer wieder anzutreffen sind, geht dann weiter auf die gesicherten arbeitswissenschaftlichen Erkenntnisse zur Arbeitsstrukturierung ein, die im Bereiche der Arbeitswissenschaften entwickelt worden sind [96, S. 147 ff.; 103].

2.3 Der personelle Faktor in der Geschäftsführung

Es gehört zu den gängigsten Feststellungen, daß das Schicksal einer Unternehmung von den in der Spitze handelnden Personen abhängt. Je größer eine Unternehmung ist, desto mehr bedarf es der Differenzierung einer solchen Aussage. Im Einzelfall sind es rechtliche, wirtschaftliche und persönliche Einflüsse, die die Organisation der Geschäftsführung bestimmen. Die rechtlichen Grundlagen sind in den einschlägigen Bestimmungen im Handelsrecht und den verschiedenen Spezialgesetzen zu finden wie im Aktiengesetz, im Gesetz betreffend die Erwerbs- und Wirtschaftsgenossenschaften, in den Sparkassengesetzen und Eigenbetriebsverordnungen der Länder, den Gesetzen über die Bundespost, Bundesbahn und Bundesbank, den Gesetzen über die Mitbestimmung der Arbeitnehmer in den Aufsichtsräten und Vorständen der Unternehmen. Neben den zwingenden oder dispositiven Vorschriften des Rechts für die Gestaltung der Unternehmungen wirken weitere wirtschaftliche und personelle Faktoren auf die Organisation der Geschäftsführung ein [3, S. 38]. Hier wären zu nennen:

- Größe der Unternehmung
- Art und Umfang der Funktionsbereiche
- Umfang des Leistungsprogramms
- Physische Leistungsfähigkeit der einzelnen Geschäftsführungsmitglieder
- Vertretung und Kontinuität der Nachfolge in der Geschäftsführung
- Gegenseitige Kontrolle der Geschäftsführungsmitglieder
- Unternehmungsgeschichte.

2.3.1 Organisatorische Formen

Unabhängig von den vielfältigen Einflüssen auf die Gestaltung der Geschäftsführung steht immer wieder eine Frage zur Diskussion: Soll die Unternehmung in der Spitze auf eine einzelne Führungskraft oder eine mehrköpfige Führung konzentriert sein? Das Aktiengesetz in der Bundesrepublik Deutschland geht bei Unternehmungen mit einem Grundkapital von mehr als 3 Mio DM in der Regel bereits von einer mehrköpfigen Geschäftsführung aus. In Unternehmungen, die dem Mitbestimmungsgesetz unterliegen, ist in jedem Fall die Vorstandsposition eines Arbeitsdirektors vorgeschrieben. Das im alten Aktiengesetz vorgesehene

Alleinentscheidungsrecht des Vorsitzenden ist aufgehoben (§ 77 AktG). Die Satzung kann aber vereinbaren, daß bei Stimmengleichheit die Stimme des Vorsitzenden den Ausschlag gibt.

Ein Vergleich mit den einschlägigen gesetzlichen Bestimmungen im westlichen Ausland zeigt, daß derartige Regelungen dort nicht bestehen. Es bleibt den Organen der Unternehmung überlassen, wie sie die Führungsfrage in der Unternehmungsspitze entscheiden. Da sie vielfach die gesetzlich abgegrenzte Teilung nach Aufsichtsrat und Vorstand nicht kennen, sondern wie in der Schweiz nur den von der Generalversammlung der Aktionäre gewählten Verwaltungsrat mit einem oder mehreren Mitgliedern, die Aktionäre sein müssen, geht es praktisch darum, ob und wie die Aufgaben der Überwachung und laufenden Geschäftsführung aufgegliedert werden. Dabei kann die Geschäftsführung auch auf Dritte, die nicht Aktionäre sein müssen, die sogenannten Direktoren, übertragen werden [97, S. 91]. In anderen Ländern der westlichen Welt haben wir ähnliche Regelungen. In den angelsächsischen Ländern ist die Aufsichtsfunktion zusammen mit der Geschäftsführungsfunktion im sogenannten Board of Directors vereinigt. Die Gesetze gewähren ein weites Maß an Freiheit in der Gestaltung der Geschäftsführungsorganisation und ihrer Überwachung, so daß hier verschiedene Typen der Organisation anzutreffen sind [78, S. 407ff.].

Die Aktiengesellschaft ist aber nur eine Rechtsform der Unternehmung. Daneben gibt es weitere Rechtsformen, wie sie im HGB und in den eben erwähnten Spezialgesetzen geregelt sind. Mit Ausnahme der Regelungen für öffentliche Betriebe enthalten sie keine Vorschriften zur Geschäftsführung. In Anlehnung an *Gutenberg* lassen sich grundsätzlich folgende Formen der Geschäftsführung unterscheiden [31, S. 44ff.] (Abb. 6).

2.3.1.1 *Vor- und Nachteile der Ein-Mann-Führung oder des Direktorialsystems*

Wenn auch in der Praxis die Ein-Mann- oder direktoriale Geschäftsführung in bezug auf Aufgabe, Verantwortung und Kompetenzen sehr differenziert ist, je nachdem, welchen Einfluß sich z. B. die Eigentümer oder das von ihnen eingesetzte Überwa-

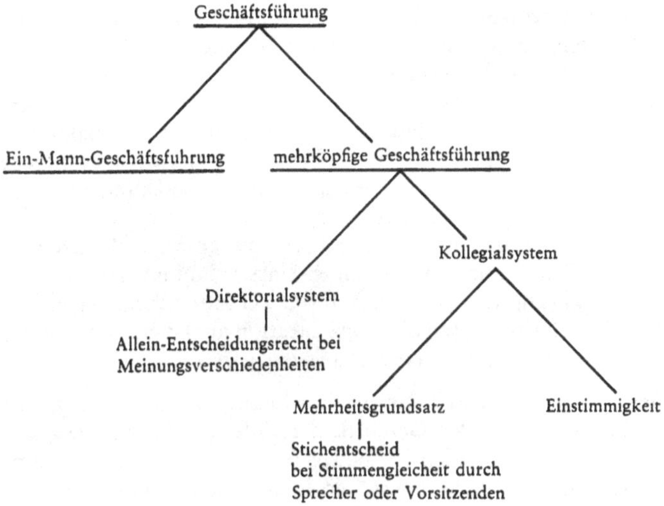

Abb. 6. Formen der Geschäftsführung

chungsgremium vorbehalten, sei nachstehend auf diese Vielfalt nicht eingegangen. Die Vorteile kommen am besten in dem Ausspruch zum Ausdruck, daß es entscheidend für die mehrköpfige Führung einer Großunternehmung ist, den „richtigen" Vorsitzenden zu haben. Im Gespräch darüber werden dann berühmte Namen von Eigentümer-Unternehmern oder Generaldirektoren von Großunternehmungen genannt, die die Geschicke ihrer Firmen entscheidend gestaltet und beeinflußt haben. Geht man diesen Beispielen weiter nach, zeigt sich, daß die ersten Männer meist in den Pionierphasen ihrer Unternehmungen tätig waren. Für Deutschland dürfen wir hierzu nicht nur die Zeit der industriellen Entwicklung in der zweiten Hälfte des vorigen Jahrhunderts rechnen, sondern auch die Phasen des Wiederaufbaus nach den beiden verlorenen Weltkriegen in den 20er und 50er Jahren.

In solchen Zeitläufen kommt es für die Führung einer Unternehmung sehr darauf an, daß verantwortungsfreudige Unternehmer in schwierigen Lagen schnell die richtige Entscheidung treffen, ohne langwierige, oft formale Abläufe der Entscheidungsfindung. Das gilt besonders für schöpferische Menschen, die neue technische Entwicklungen in Gang setzen, neue Märkte erschließen oder im Bereiche der betrieblichen Sozialpolitik Neuland betreten. Diese Persönlichkeiten verstehen es in der Regel dann auch durch ihr Engagement für die Unternehmung, sowohl die nächsten Mitarbeiter zur verstärkten Leistung für die Unternehmung anzuspornen wie die gesamte Belegschaft. Für die Eigentümer-Organe einer Unternehmung hat die Ein-Mann-Führung den Vorteil, daß die Verantwortung gegenüber den Eigentümern durch die Konzentration auf einen Mann in der Unternehmungsspitze klar geregelt ist.

Der wichtigste Vorteil für die Ein-Mann-Führung ist zugleich ihr Nachteil, weil das Geschick der Unternehmung zu eng mit einer Person verbunden ist. Beispiele hierfür sind manche Konkurse von Unternehmungen, die in der Pionierphase des Aufschwungs durch tatkräftige Männer an der Spitze schnell zu großen Erfolgen geführt wurden, aber bei einer Rezession nicht durchhalten konnten. Technisch-orientierte Kräfte übersehen z. B. die bei größer werdenden Unternehmungen notwendige Unterstützung und Kontrolle durch den Kaufmann in der Unternehmungsspitze. Auch der auf Marktausweitung abgestellte Kaufmann als alleinige Führungskraft in der Spitze der Unternehmung läßt sich ungern in seinem Expansionsdrang durch einen kritischen Finanzmann drosseln, wie konkrete Fälle bewiesen haben. Überhaupt ist bei der Ein-Mann-Führung häufig ein allgemeiner Nachteil, daß sie besonders die autokratisch strukturierte Persönlichkeit anspricht, die zu absolut von ihren Auffassungen über die einzuschlagenden Wege überzeugt ist. Personelle Entscheidungen für die obere Führungsorganisation werden unter Umständen zu sehr aus dem subjektiven Aspekt des „ersten Mannes“ getroffen.

Je größer die Unternehmung ist, desto wichtiger können die hier aufgezeigten Mängel sein. Von seiten der Banken, die oft Großgläubiger sind, wird der Grundsatz vertreten, daß wegen der großen finanziellen Verantwortung Unternehmungen, die mit fremdem Geld arbeiten, nicht auf das Zwei-Augen-System abgestellt sein dürfen [91, S. 174]. Was für die finanzielle Verantwortung gesagt wird, gilt bei Großunternehmungen oft auch für andere Funktionsbereiche, die wegen ihrer Kompliziertheit nicht von einem einzigen Geschäftsführer verantwortet werden können. Bei der Ein-Mann-Geschäftsführung besteht die Gefahr, daß „einsame Beschlüsse" gefaßt werden, die nicht ausreichend erarbeitet worden sind. Ein anderer Einwand bezieht sich auf den Führungsstil. Die Dynamik des ersten Mannes an der Spitze kann mit dem Nachteil verbunden sein, daß zu selbstherrlich geführt wird. In einem gewissen Zusammenhang damit steht die Erfahrung, daß der erfolgreiche Manager, der allein an der Spitze einer Unternehmung steht, nicht rechtzeitig für den geeigneten Nachfolger sorgt. Ebenso muß gesehen werden, daß sich die nachgeordneten Führungskräfte unter Umständen zurückgesetzt fühlen, weil sie als Fachkräfte nicht genügend in die geschäftspolitische Meinungsbildung einbezogen werden.

In abgeschwächter Form gelten die Ausführungen über die Ein-Mann-Geschäftsführung auch für die besondere Stellung z. B. eines Vorsitzenden, Sprechers oder Primus inter pares. Mit seiner Stellung in der kollegialen Geschäftsführung setzt sich *Albert Meier* auseinander. Er plädiert für formlose Arten seiner Sonderstellung. Sie könne verhältnismäßig leicht und unauffällig geändert, d. h. auf einen anderen übertragen werden. Anders verhalte es sich dagegen mit der ausdrücklichen, d. h. auch formaljuristischen Bestellung eines „Vorsitzers" der Geschäftsführung oder des Vorstandes, z. B. in einer Aktiengesellschaft. „Diese Einrichtung führt praktisch zu einer Rangordnung innerhalb der Unternehmungsspitze, die leicht mit der gesetzlich vorgesehenen gemeinsamen Verantwortung der Geschäftsführer in Konflikt gerät. Außerdem hat sie den Nachteil so starker Personengebundenheit, daß sie praktisch überhaupt nicht mehr oder nur mit unter Umständen schwerwiegenden Folgen abgeändert werden kann. Bei uns in Deutschland jedenfalls kommt es wohl kaum vor, daß ein Generaldirektor durch einen anderen abgelöst wird und dennoch in der Geschäftsführung verbleibt. Ein solcher Wechsel würde als Degradierung empfunden, obwohl es doch eigentlich keine Selbstverständlichkeit ist, daß man bis zur Erreichung der Altersgrenze und darüber hinaus auf dem Höhepunkt seiner Leistungsfähigkeit bleibt“ [69, S. 88]. *Meier* ist aber ebenso realistisch, wenn er es als überaus schwierig ansieht, unter den Geschäftsführern eines mehrköpfigen Gremiums zu einer optimalen Selbstkoordination zu kommen. Sie sei nur selten anzutreffen und deshalb schwer zu verwirklichen, weil sie bei den Beteiligten die Bereitschaft voraussetze, sich freiwillig ein- und unter Umständen der Auffassung anderer auch einmal unterzuordnen. „Die Fähigkeit dazu ist gerade bei führenden Persönlichkeiten oft nicht vorhanden. Deshalb läßt es sich meistens nicht vermeiden, innerhalb einer mehrköpfigen Geschäftsführung einem davon die Koordinationsaufgabe zu übertragen“ [69, S. 88]. Für viele Unternehmungen hat der Sprecher die Aufgabe, die Gesamtinteressen der Unternehmen zu vertreten und die entsprechenden Verbindungen zu pflegen. Mit Recht hat *Meier* diese auch als Repräsentation bezeichnete Tätigkeit zu den Führungsaufgaben gerechnet, denen in der modernen Wirtschaft immer stärkere Bedeutung zukommt [69, S. 14]. Bemerkenswert ist die Lösung bei einer deutschen Großbank, bei der es nach dem Ausscheiden ihres Sprechers Mitte 1976 nach einem Vorbild früherer Jahre zwei Sprecher gibt. Sie setzt in besonderem Maße eine gute persönliche Zusammenarbeit aller Mitglieder der Geschäftsführung voraus.

2.3.1.2 *Vor- und Nachteile der kollegialen Geschäftsführung*

Vor- und Nachteile der kollegialen Führung sind in etwa das Spiegelbild der Ein-Mann-Führung. Sie schützt z. B. davor, daß die Unternehmung nicht unter den Mängeln leidet, die beispielsweise einem noch so tüchtigen Mann an der Spitze unterlaufen können. In der Praxis gibt es manches Beispiel dafür, daß der Alleinverantwortliche in der Unternehmung Großes geleistet hat, dann aber, wie es heißt, den Anschluß an eine neue Entwicklung verpaßte, weil er sie anders einschätzte. Die mehrköpfige Leitung stellt hier eine Art Rückversicherung dar. In vielen Unternehmungen ist heute die Tätigkeit der Geschäftsführung durch Mitwirkung in außerbetrieblichen Ausschüssen und Vereinigungen sehr belastet, wie sie durch die zunehmende

Internationalisierung der Wirtschaft und die europäischen und weltweiten Wirtschaftsorganisationen mitverursacht werden. Diese außerbetriebliche Tätigkeit führt die Mitglieder der Geschäftsführung häufig außer Hauses, so daß eine mehrköpfige Geschäftsführung zweckmäßiger ist. Es ist auch leichter, sich von einem nicht mehr geeigneten Mitglied zu trennen, als dies bei der einköpfigen Führung der Fall ist. Durch die Aufteilung der Verantwortung auf mehrere Köpfe kann nicht zuletzt das Nachfolgeproblem einfacher gelöst werden. Wer die Fälle kennt, wie manchmal durch den Tod des ersten Mannes an der Spitze eine Unternehmung in große Gefahren geraten ist, wird diese Begründung besonders akzeptieren.

Wenn bei der Ein-Mann-Geschäftsführung der Vorteil hervorgehoben wurde, daß sie schnelle Entscheidungen treffen kann, ist es ein Nachteil bei der mehrköpfigen Leitung, daß die Entscheidungen oft zu lange ausstehen. Weniger verantwortungsfreudige Mitglieder des Geschäftsführungsgremiums können den Entscheidungsprozeß verzögern. Auch sonst kann ein mehrköpfiges Führungsgremium seine Arbeit durch interne Meinungsverschiedenheiten behindern. Rein persönliche Differenzen können die Arbeit stören. Die Klimaverschlechterung führt unter Umständen dazu, daß sich das einzelne Mitglied der Geschäftsführung nur auf sein eigenes Ressort konzentriert und sich möglichst wenig an der Gesamtverantwortung der Unternehmung beteiligt. Ein formaler Einwand gegen die mehrköpfige Geschäftsführung besteht darin, daß allein aus der notwendigen Information und Abstimmung heraus zu viele Belastungen gegeben sind. Das fängt mit dem Zeitaufwand für gemeinsame Sitzungen an und hört bei den vielfältigen Postumläufen auf, die zur gegenseitigen Unterrichtung notwendig sind. Als Nachteil einer mehrköpfigen Geschäftsführung wird ferner angesehen, daß die unternehmerische Verantwortungsfreude und Initiative notleiden. Diese seien typisch individuelle Eigenschaften und könnten nicht durch ein Kollegium ersetzt werden. Man könne darin wohl Gespräche führen, Erfahrungen austauschen, Kompromisse schließen. Die unternehmerische Initiative käme aber immer nur vom einzelnen. Abschließend sei aus den Erfahrungen des Verfassers bemerkt, daß es schwierig ist, über die Vor- und Nachteile der Ein-Mann- oder mehrköpfigen Geschäftsführung eine generelle Entscheidung zu treffen. Wie für alle Führungsprozesse gilt auch hier die Erkenntnis, daß es einmal auf die Situation und zum andern auf die Haltung der handelnden Personen ankommt. Für die jeweilige Situation sind Zielsetzung und Zweck der Unternehmung ebenso wichtig wie die Aufgabengliederung innerhalb der Geschäftsführung, nicht zuletzt die Regelung von Verantwortung und Kompetenz. Bei der direktorialen Geschäftsführung ist wesentlich, wie die „beratende Überwachung" durch Aufsichtsgremien und die „begleitende Überwachung" durch das Rechnungswesen (Controlling) geregelt sind.

Für die in der kollegialen Geschäftsführung handelnden Personen gelten die gleichen Überlegungen, die für jede Gruppenarbeit gültig sind. Wichtig ist, daß sich die einzelnen Mitglieder eines Führungsgremiums darin einordnen, daß sie zur Kooperation bereit sind. Das setzt ein gleichmäßiges fachliches Führungsniveau, ebenso aber auch den Willen zur gemeinsamen Führung voraus. Der auf ein bestimmtes Ressort spezialisierte Geschäftsführer kann beispielsweise so fachorientiert sein, daß er dem alle anderen Führungsaufgaben hintenanstellt. Er wird deshalb auch in Sitzungen der Geschäftsführung häufig nur dann in die Debatte eingreifen, wenn sein spezielles Gebiet berührt wird, während er sich bei allen anderen Fragen desinteressiert zeigt. Umgekehrt natürlich spielen die persönlichen Veranlagungen wie Ehrgeiz oder Machtstreben eine ebenso wichtige Rolle. Bei der Besetzung der Geschäftsführung haben die bestellenden Organe eine Verantwortung, die nicht wichtig genug genommen werden kann. Für eine mehrköpfige Geschäftsführung kommt es z. B. darauf an, Führungskräfte zu finden, die neben ihren fachlichen Fähigkeiten die Bereitschaft zur Zusammenarbeit besitzen. Es ist die Fähigkeit, Fach- oder Bereichsinteressen den übergeordneten Gesamtinteressen einzufügen. Bei Beurteilung von Lebensläufen, insbesondere der Tätigkeit in früheren Stellungen, sollte deshalb besonders auf diese Teameigenschaft geachtet werden.

2.3.1.3 *Die Organisation der Geschäftsführung aus ausländischer Sicht*

Christian Gasser, früher Hochschullehrer der Betriebswirtschaft und seit vielen Jahren Präsident einer Schweizer Präzisionsmaschinen-Unternehmung, bis in die jüngste Zeit als einer der Hauptreferenten in den schweizerischen Kursen für Unternehmungsführung tätig, hat sich in seinen zahlreichen Beiträgen und Schriften immer wieder mit der Frage auseinandergesetzt, ob ein Mann oder ein Kollegium Gleichgestellter, höchstens mit einem Vorsitzenden als Primus inter pares, die exekutive Spitze einer Unternehmung bilden soll. Dazu muß man die schweizerische Organisationsform der Kapitalgesellschaft beachten, worauf bereits hingewiesen wurde. Da die Gesetze in der Schweiz nicht die scharfe Trennung zwischen der Überwachungstätigkeit eines Aufsichtsrates und der alleinigen Verantwortung des Vorstandes für die Geschäftsführung kennen, sondern beide Aufgaben im Verwaltungsrat vereinen, bezieht sich die von *Gasser* gestellte Frage darauf, ob der Verwaltungsrat die Verantwortung für die Geschäftsführungsexekutive allein auf einen Delegierten des Verwaltungsrates übertragen soll. So hieß es z. B. in der Aufgabenbeschreibung eines Delegierten des Verwaltungsrates einer Schweizer Holding-Gesellschaft, dem die oberste Leitung der Tochtergesellschaften zukommt: „Der Delegierte ist zuständig und verantwortlich für die gesamte Geschäftsführung im Konzern, soweit sie nicht durch Gesetz, Statuten oder dieses Reglement ausdrücklich einem anderen Organe vorbehalten ist. Direktoren, Prokuristen und Angestellte der Holding-Gesellschaft, sowie Delegierte der Konzerngesellschaften sind – soweit Gesetz und Statuten keine andere Regelung vorsehen – direkt und ausschließlich ihm unterstellt" [97, S. 123].

Die direktoriale Geschäftsführung ist ebenso typisch für das Board-System in den angelsächsischen Aktiengesellschaften. Der aus seiner Mitte bestellte President hat oft die Verantwortung für die gesamte mehrköpfige Geschäftsführung. Zuweilen besteht auch die Regelung, daß der Vorsitzende des Board, der „Chairman of the Board", und der President personengleich sind. In Großbritannien wird vom Board der Managing-Director bestellt; in Schweden ist es der geschäftsführende Direktor, der in allen großen Gesellschaften vorhanden sein muß. Ähnliche Regelungen gibt es in Frankreich und Belgien [82, S. 409].

Im Hinblick auf die Praxis in den Vereinigten Staaten fragt *Gasser*: „Ist nicht die Tatsache, daß die amerikanischen Großkonzerne einen Präsidenten haben, einer der Gründe – sicher nicht der einzige – für die im ganzen doch beträchtliche Schlagkraft dieser „Kolosse", über die wir in Europa so erschütternde Klagelieder anzustimmen pflegen?" [25, S. 122]. Die größte Gefahr des Kollegiums sieht er in der Degeneration vom Unternehmertum zum Verwaltertum. In der Gruppe habe der initiative, originelle, schöpferische Kopf immer Schwierigkeiten. Das läge ganz einfach in der Natur der Sache. Es gibt natürlich Aufgaben, die ein Kollegium besser in der Lage ist zu übernehmen als ein einzelner. „Das Kollegium eignet sich besser zur Analyse, zum Abwägen eines Problems nach verschiedenen Gesichtspunkten. Sicher erschwert es vorschnelle, gefährliche Entscheide. Das ist auch der Grund, warum bei Finanzinstituten Entscheide – z. B. über Kredite und andere finanzielle Transaktionen einer gewissen Größenordnung – fast durchwegs einem Kollegium zustehen" [25, S. 123]. Die exekutive Unternehmungsspitze müsse dagegen immer an das Ganze denken, müsse koordinieren und dabei das Gesamtinteresse über die Teilinteressen stellen. Das übersteige gerade die Möglichkeiten des Kollegiums, ganz besonders, wenn es sich aus drei, vier, fünf oder mehr Ressortvertretern zusammensetze. Das Kollegium entbehre überdies leider allzu oft der Kollegialität. Es könne deshalb in industriellen Unternehmungen nur unter günstigen Umständen, z. B. wenn besonders gute menschliche Verhältnisse vorhanden sind, befriedigend funktionieren. Es setzt auf alle Fälle präzise Kompetenzregelungen voraus, und zwar vor allem deshalb, weil jeder Kompetenzkonflikt zwischen untergeordneten Stellen geeignet ist, das fast immer doch recht labile Gleichgewicht im Kollegium zu stören, d. h. die Tendenz hat, zum Konflikt „oben" zu werden. „Das Schlimmste ist ein innerlich zerrissenes, gegeneinander intrigierendes Gremium, das sich gegenseitig im unternehmerischen Handeln blockiert" [25, S. 120].

Wenn sich *Gasser* so sehr für eine starke Persönlichkeit in der Unternehmungsspitze einsetzt, weist er gleichzeitig mit aller Entschiedenheit darauf hin, daß sie niemals Alleinherrscher sein darf. Er zitiert hierzu *Churchill*, der ja wohl als typischer Vertreter der Ein-Mann-Führung gesehen werden darf. In den schlimmsten Tagen des zweiten Weltkrieges wurde im englischen Parlament immer wieder vorgeschlagen, daß man ihn doch von der allzu großen Bürde seiner Arbeit entlasten müsse. *Churchill* nahm dazu wie folgt Stellung: „Es ist überaus wichtig, daß an der Spitze ein Kopf (one mind) steht, mit einem vollen Überblick über das Ganze, vertrauensvoll unterstützt und korrigiert, aber in seiner Ganzheit nicht gespalten“ [24, S. 7]. Hier ist der Nebensatz zu beachten, worin es heißt, daß der Mann an der Spitze vertrauensvoll unterstützt und korrigiert wird. Damit wird eine betont funktionelle Art des direktorialen Denkens zum Ausdruck gebracht. Die Ein-Mann-Führung bedeutet also keineswegs, daß man sich nicht des Rates und der Unterstützung anderer bedient und daß man nicht kontrolliert wird. Es bedeutet ebenso, daß man möglichst tüchtige Mitarbeiter hat, so tüchtig, wie man glaubt, selbst tüchtig zu sein. Wie vielfältig eine solche „beratende Überwachung“ sein kann, zeigt die folgende Gliederung der Ausschüsse für die Geschäftspolitik eines großen amerikanischen multinationalen Automobilkonzerns [Abb. 7, S. 98].

2.3.2 Aufgabenteilung in der mehrköpfigen Geschäftsführung

Für die organisatorische Aufgabengliederung in der Geschäftsführung ist ihre Struktur bestimmend. Bei der Ein-Mann-Geschäftsführung geht es darum, welche Führungsaufgaben in der Geschäftsführung zentralisiert und welche dezentralisiert werden. Wir können auch von einer vertikalen Aufgabenteilung sprechen. Dabei ist die Größe der Unternehmung wichtig. In einem kleineren Unternehmen mit einem Eigentümer-Unternehmer an der Spitze wird er sich in der Regel viele Kompetenzen vorbehalten. Damit wird er über jedes wichtige Problem informiert, muß aber ebenso überall die erforderlichen Entscheidungen treffen. Je größer die Unternehmung ist, wird es notwendig,

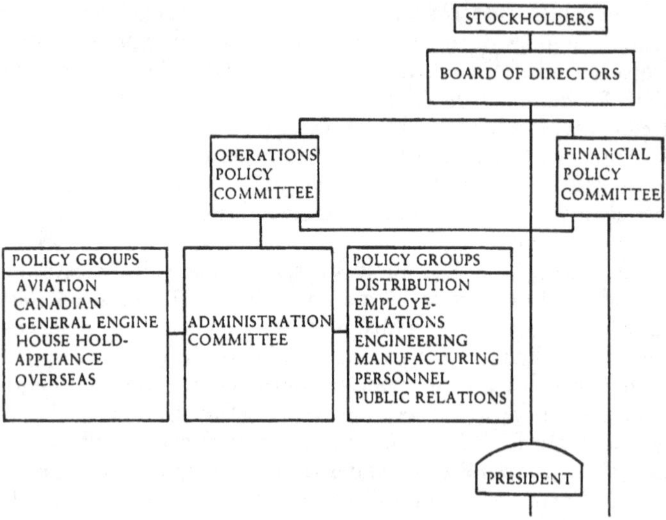

Abb. 7. Gliederung der Ausschüsse in einem amerikanischen Automobilkonzern

Entscheidungsbefugnisse zu delegieren. Der allein an der Spitze stehende Unternehmer wird sich dann mehr und mehr auf die eigentlichen Führungsaufgaben konzentrieren müssen. Zu den Merkmalen, die für die nicht delegierbaren Führungsfunktionen charakteristisch sind, gehören neben der Festlegung der Unternehmungspolitik auf weite Sicht, Koordinierung der betrieblichen Teilbereiche, noch die Beseitigung von Störungen im laufenden Betriebsprozeß, geschäftliche Maßnahmen von außergewöhnlicher betrieblicher Bedeutsamkeit und die Besetzung der Führungsstellen in der Unternehmung [31, S. 61]. Dazu gehören in der Regel noch die Interessenvertretung und Repräsentation. Unternehmungsplanung und Unternehmungsorganisation sind delegierbare Teilfunktionen, werden meist aber unmittelbar von der Unternehmungsleitung verantwortet. Bei größeren Unternehmen werden hierfür Stabsstellen gebildet. Ebenso kann ein persönlicher Stab zur Unterstützung der Allein-Geschäftsführung bei der Erfüllung der übrigen Führungsaufgaben mitwirken. Eine andere organisatorische Regelung kann darin bestehen, daß ein ständiger Stellvertreter bestellt wird, dem dann bestimmte Teile der Führungsaufgaben übertragen werden.

Für die kollegiale Geschäftsführung ist die horizontale Aufgabenteilung charakteristisch. Sie kann nach Funktionen, Objekten (Geschäftsbereichen) oder Regionen vorgenommen werden. In der Entwicklung der Industrieunternehmungen hat es von einer bestimmten Unternehmungsgröße ab zunächst eine Aufteilung nach Funktionen, nach sogenannten kaufmännischen und technischen Funktionen, gegeben, deren Abgrenzung im Einzelfall festzulegen ist. War z. B. der Einzelunternehmer selbst Kaufmann, lag es nahe, einen Techniker als Teilhaber und Mitgeschäftsführer zu gewinnen; war er Ingenieur, wurde in der Regel umgekehrt verfahren.

Ist in Unternehmungen mit einfacher Fertigung der Größe wegen eine Aufteilung nach anderen Merkmalen zweckmäßig, so können bei zwei Geschäftsführern einem von ihnen die mit der Außentätigkeit – vornehmlich im Verkauf – zusammenhängenden Geschäftsführungsfunktionen übertragen werden, während der andere für den gesamten inneren Betrieb, einschließlich des technischen Bereichs, zuständig ist. Dominieren technische Erfordernisse, wie z. B. im Chemie-Sektor, können die Funktionen auch auf zwei Chemiker aufgeteilt werden. Sobald sich die Unternehmung vergrößert, werden auch die Geschäftsführungsfunktionen weiter aufgegliedert, z. B. die technischen Geschäftsführungsfunktionen nach laufender Fertigung und Erzeugnisentwicklung.

Im Bereich der Erzeugung gibt es z. B. Geschäftsführungsbereiche für die Anlagenwirtschaft oder die Fertigungskontrolle. Der Bereich Finanz- und Rechnungswesen läßt sich nach den beiden Funktionsbereichen aufteilen. Dem Rechnungswesen wird dann unter Umständen speziell die Aufgabe des Controlling übertragen. Von einer bestimmten Unternehmungsgröße ab gibt es außerdem einen besonderen Geschäftsbereich für das betriebliche Personalwesen. Nach dem Mitbestimmungsgesetz ist hierzu rechtlich eine Verpflichtung gegeben. Beim Kollegialsystem gibt es vielfach neben der horizontalen noch eine vertikale Aufgabenteilung, und zwar derart, daß dem Vorsitzenden bestimmte Querschnittsaufgaben übertragen werden. Dazu gehören z. B. die Repräsentation und Vertretung der Gesamtunternehmung; oft hat der Vorsitzende des Vorstandes einer großen Aktiengesellschaft die Stabsabteilung für Unternehmungsplanung und Revision unter sich.

Wie eingangs erwähnt, kann die Aufgabenteilung nicht nur nach Funktionen, sondern auch nach Objekten (Geschäftsbereichen) oder auch Regionen vorgenommen werden. Hier sei auf die einschlägige Literatur hingewiesen [77]. In der mehrfach zitierten Arbeit des *Arbeitskreises Krähe* über die Organisation der Geschäftsführung werden Beispiele für die Ressortaufteilung in den verschiedenen Wirtschaftszweigen dargestellt, insbesondere auch in den Dienstleistungsunternehmen, auf die hier im einzelnen nicht eingegangen werden soll [3, S. 126ff.].

2.3.2.1 *Gefahr des Ressortegoismus*

Mit der Aufgabenteilung in einer mehrköpfigen Geschäftsführung müssen die möglichen Schwierigkeiten in der Zusammenarbeit gesehen werden. Dazu gehört vor allem die Interessenkollision zwischen den Zielsetzungen der Gesamt-Unternehmungsführung und der Ressortführung. Sie macht sich z. B. bemerkbar bei Investitionen oder auch einzelnen Maßnahmen der Personalpolitik. Damit ist vor allem der Ressortegoismus gemeint, der bei kollegialen Führungsgremien immer wieder anzutreffen ist. Der Leiter der Planungsabteilung, die zeitweise im Bundeskanzleramt bestand, *Reimut Jochimsen*, hatte das für die Regierungsarbeit einmal bewußt übertrieben formuliert, daß es einen Grundsatz maximaler Ressortproduktion und zugleich minimaler interressortmäßiger Koordination gibt [50, S. 949]. *Höhn* weist darauf hin, wie allein schon die Zusammenarbeit durch die divergierenden Bereichsinteressen negativ beeinflußt wird. „Wer mit seinen Kollegen auf der Ressort- bzw. Spartenebene in oft hartem Widerstreit liegt, wird nicht ohne weiteres seine hier gesammelten Erfahrungen und Erlebnisse vergessen, wenn er dem Kollegen im Gremium der Unternehmungsführung gegenübertritt und hier mit ihm an einer gemeinsamen Aufgabe Teamarbeit leisten soll" [47, S. 80].

Ein weiterer Mangel ist die zuweilen unklare Verantwortung bei ressortgebundener Unternehmungsführung. Sie ergibt sich aus der Gemengelage zwischen den eigentlichen Aufgaben der Unternehmungsführung und den speziellen Ressortaufgaben. „Immer wieder kommt es dann zu Verschiebungen von Aufgaben und Entscheidungen zwischen beiden Ebenen, die jede eindeutige Regelung der Verantwortlichkeit unmöglich machen. Dies geschieht insbesondere durch die ständige Rückdelegation von seiten der Ressortleiter, die unangenehme Angelegenheiten im Gremium der Unternehmungsführung vortragen, Rückendeckung bei ihren Kollegen suchen und die zu treffende Entscheidung schließlich der Unternehmungsführung zuschieben" [47, S. 93]. Die Praxis kennt auch die nicht minder problematische Übung einer vordergründig konfliktfreien „Ressortkameradschaft". Man respektiert sich gegenseitig betont mit der Konsequenz, Entscheidungsvorlagen der Ressortkollegen so weit wie möglich gegenseitig zu tolerieren. Das führt praktisch allerdings zu einer mehr oder weniger starken Desintegration, dem Gegenteil einer einheitlichen Unternehmungsführung. Die „Einheit der Leitung" besteht aus der „Addition" einzelner Geschäftsführungsbereiche. Außerdem besteht die Gefahr, daß die in einem Kollegium notwendige gegenseitige Kontrolle immer problematischer wird.

Höhn kommt aus diesen Überlegungen heraus für Großunternehmungen zu der Forderung, daß sie eine ressortlose Unternehmungsführung haben sollten. Ihre Vorteile sieht er in der von Ressortinteressen unbeeinflußten Unternehmungspolitik und der besseren Wahrnehmung der Führungsaufgaben [47, S. 85]. Der Verfasser konnte in einem Großunternehmen den Versuch einer ressortlosen Geschäftsführung mittelbar beobachten; soweit Informationen darüber zu erhalten waren, haben sich die Probleme und Schwierigkeiten bewahrheitet, auf die *Höhn* in seinem Vorschlag besonders hingewiesen hat.

2.3.3 Einheit der Leitung in der mehrköpfigen Geschäftsführung

Wenn die mehrköpfige Leitung für eine Unternehmung als zweckmäßigste Lösung angesehen wird, müssen die Gefahren für die Einheit der Leitung gesehen und möglichst vermieden werden. In der Literatur hat der Franzose *Henri Fayol* bereits im Jahre 1916 dieses Postulat als eines der nach seiner Meinung für die Praxis wichtigen 14 Verwaltungsprinzipien herausgestellt. „Dieses Prinzip kann folgendermaßen ausgedrückt werden: ein einziger Leiter und ein einziger Plan für eine Gesamtheit von Vorgängen, die auf denselben Zweck gerichtet sind. Es ist dies die notwendige Bedingung für die harmonische Tätigkeit, die Zuordnung der Kräfte und die einheitliche Zweckrichtung des Kraftaufwandes“ [20, S. 22]. Auf eine mehrköpfige Unternehmungsführung übertragen, verlangt dieses Prinzip, daß ein planvolles Handeln in der Unternehmung nur möglich ist, wenn eine einheitliche Willensbildung gewährleistet ist.

2.3.3.1 *Personelle Lösung*

Das Ideal einer mehrköpfigen Leitung, die das *Fayol*sche Prinzip – Einheit der Leitung – gewährleisten soll, unterstellt die harmonische Zusammenarbeit bei gleichen Rechten und Pflichten ihrer Mitglieder. Sie kann durch spezielle organisatorische Regelungen gefördert werden. Als Beispiel sei eine kleinere Apparaturenfabrik in der Rechtsform der Kommanditgesellschaft erwähnt, in der die beiden geschäftsführenden Gesellschafter gemeinsam in einem großen Chefbüro saßen. Sicher gehört dazu auch noch ein guter Teil gegenseitigen persönlichen Verstehens. Das gemeinsame Büro kann dann aber dadurch eine Stütze sein, daß die Kommunikation keine trennenden Wände kennt. In einem anderen Falle hatte die kollegiale mehrköpfige Geschäftsführung ihre Sekretariate in einem großen gemeinsamen Vorzimmer zusammengefaßt. Da Sekretariate keine geringe Rolle in der Zusammenarbeit ihrer Chefs spielen, kann eine solche Maßnahme recht förderlich sein. Kommt dann hinzu, wie es in dem genannten Falle zutraf, daß in dem mehrköpfigen Vorstand ein Mitglied durch jahrzehntelange Tätigkeit die „gewachsene" Autorität war, sind weitere Voraussetzungen für eine gute Zusammenarbeit gegeben.

Jüngsten Nachrichten aus den USA zufolge soll die dort vorherrschende direktoriale Leitung in einigen größeren Unternehmungen durch eine kollegiale – gleichberechtigte – Leitung aus drei bis fünf Mitgliedern ersetzt werden, auch als Gruppen-Management bezeichnet. Da kein Vorsitzender bestellt ist, werden die notwendigen gemeinsamen Beschlüsse in der laufenden Zusammenarbeit gleichsam abgesprochen. Es müßte im Einzelfall natürlich geprüft werden, inwieweit auch hier durch die informelle Autorität eines Mitglieds der Geschäftsführung die Zusammenarbeit indirekt gesteuert wird. Im übrigen ist es für solche und ähnliche Regelungen wichtig, daß eine möglichst große fachliche und nicht zuletzt auch persönliche Homogenität unter den Mitgliedern der Geschäftsführung gegeben ist. Wie die Praxis zeigt, sind die fachlichen und menschlichen Qualitäten der handelnden Personen oft recht unterschiedlich. Es wird deshalb ein Sprecher oder Vorsitzender offiziell bestellt, der vorhandene Unebenheiten durch koordinierende Tätigkeit ausgleichen soll. Je mehr er sich auf eine gewachsene Autorität stützen kann, desto wirksamer wird seine Tätigkeit sein. Dabei ist von ihm zu fordern, daß er weniger Spezialist als Generalist ist, der die Fähigkeit besitzt, stets die Gesamtzusammenhänge zu sehen.

In mehrstufig gegliederten Unternehmungen, z. B. in Konzernen mit einer Hauptverwaltung und mehreren Tochtergesellschaften, ist für die Einheit der Leitung wichtig, daß nicht nur in der obersten Geschäftsführung, sondern ebenso in der Geschäftsführung der Tochtergesellschaften weitgehende Übereinstimmung über die Unternehmungspolitik und die danach zu treffenden Entscheidungen besteht. In großen Konzernen sind auch in den Tochtergesellschaften mehrköpfige Geschäftsführungen vorhanden. Die personelle Lösung für die notwendige Übereinstimmung auf beiden Stufen kann einmal dadurch gesichert werden, daß jeweils ein oder mehrere Mitglieder aus der Geschäftsführung in den Tochtergesellschaften in Personalunion Mitglied der Konzerngeschäftsführung sind. In der Praxis wird dann häufig von der erweiterten Geschäftsführung des Konzerns gesprochen. Aus der Geschichte ist hierfür die Lösung bei der Fusion zu den IG-Farbenwerken besonders anschaulich. Als man sich 1925 zusammenschloß, wurde aus den vorhandenen sämtlichen ordentlichen und stellvertretenden Vorstandsmitgliedern der Gründerfirmen zunächst ein gemeinsamer Vorstand gebildet, der 83 Personen umfaßte. Es war klar, daß dies nur eine Übergangslösung sein konnte. Ein kleinerer Arbeitsausschuß sorgte sogleich für die Arbeitsfähigkeit des Führungsgremiums. [78, S. 415].

Eine andere personelle Lösung kann als vertikale Kollegienbildung bezeichnet werden. In Konzernen mit einer größeren Zahl von Tochtergesellschaften werden vielfach Ausschüsse gebildet, die sich sowohl aus Mitgliedern des Vorstandes der Dachgesellschaft als auch der Tochtergesellschaften zusammensetzen. Sie können Beratungsaufgaben, aber auch Entscheidungsaufgaben haben, je nachdem, wie die Konzernverfassung geregelt ist.

2.3.3.2 *Funktionelle Lösung*

Im Abschnitt über die Aufgabenteilung in der mehrköpfigen Geschäftsführung wurde für die Ein-Mann-Geschäftsführung festgestellt, daß sie bei größeren Unternehmungen Entscheidungsbefugnisse delegieren, aber sich einige nicht delegierbare Führungsfunktionen vorbehalten muß. Dazu gehören vor allem die Entscheidungen zur Unternehmungspolitik, Koordinierung der betrieblichen Teilbereiche und geschäftliche Maßnahmen von außergewöhnlicher Bedeutung und nicht zuletzt die Besetzung der Führungsstellen in der Unternehmung. Die funktionelle Lösung für die Einheit der Leitung bei einer mehrköpfigen Geschäftsführung muß im Grunde das gleiche Prinzip verfolgen. Praktisch läßt es sich in der Weise realisieren, daß die den einzelnen Mitgliedern der Geschäftsführung zugeteilten Ressortaufgaben zu den delegierbaren Führungsaufgaben gehören, d. h. mehr exekutiver Art sind, sich also auf laufende

Dispositionen und Koordinierung konzentrieren. Die nicht delegierbaren Führungsaufgaben müssen dann der Beschlußfassung aller Mitglieder der mehrköpfigen Geschäftsführung unterliegen, um die Einheit der zentralen Willensbildung zu gewährleisten. Dabei sind einzelne Mitglieder mehr oder weniger intensiv an der Vorbereitung dieser Entscheidungen beteiligt. Eine derartige organisatorische Regelung führt in der Praxis meist dazu, daß ein Mitglied des Kollegiums mit der Vorbereitung der zentralen Geschäftsführungsaufgaben beauftragt ist, das dann meist auch der Sprecher oder der Vorsitzende wird. Wir sind dann praktisch nicht mehr bei der kollegialen, sondern der direktorialen Lösung der Geschäftsführung.

Für die funktionelle Lösung in der Geschäftsführung von Konzernen mit einer größeren Zahl nachgeordneter Tochtergesellschaften bietet sich die Zentralisierung führungswichtiger Funktionsbereiche an. Neben der in der Regel zentral geführten Finanzaufgabe und dem Rechnungswesen können dazu gehören der zentrale Einkauf, die zentrale Forschung und Entwicklung, teilweise die zentralisierten Aufgaben des Personalwesens und des Absatzes, um einige Beispiele zu nennen. Ferner ist denkbar, daß sich die Konzernleitung für die Durchführung einer größeren Zahl von wichtigen Geschäften die Genehmigung vorbehält, so daß sich aus der nur als Führungsstelle gedachten Unternehmungsspitze mehr oder weniger eine zentralisierte Unternehmungsführung ergibt.

Es bedarf keiner großen Erörterung, daß eine verstärkte Zentralisierung von Funktionen zu Spannungen im Unternehmungsaufbau führt. Es wird deshalb der Weg gewählt, nur solche Führungsfunktionen in der Spitze zusammenzufassen, die unbedingt für die einheitliche Willensbildung notwendig sind. Nach *Gasser* kann man sich hier auf die geschäftspolitischen Zielsetzungen und die Kontrolle der Ergebnisse beschränken [24, S .7]. In der Praxis ist bei einer solchen Konzernspitze meist dann aber noch die Funktion des Finanzwesens zentralisiert, wobei einige Stabsabteilungen die Führungsaufgabe der Unternehmungsspitze unterstützen. Im übrigen arbeiten die Tochtergesellschaften selbständig im Rahmen der festgelegten geschäftspolitischen Ziele. Eine Kombination der funktionellen mit der personellen Lösung wurde mit der Neuorganisation der Führungsspitze eines großen deutschen Elektrokonzerns gefunden, der tief in die roten Zahlen geraten war. Für die vier nach Produktgruppen gegliederten Geschäftsführungsbereiche wurden Betriebsführungsgesellschaften in der Rechtsform der Aktiengesellschaft gebildet; sie arbeiten alle im Namen und für Rechnung der Muttergesellschaft. Jede Gesellschaft hat einen mehrköpfigen Vorstand. Für die Einheit der Geschäftsführung insgesamt ist der Vorstand des Konzerns – als Zentralvorstand mit entsprechenden Steuerungsfunktionen – verantwortlich. Sie wird dadurch unterstützt, daß ein Gesamtvorstand gebildet wird, der aus dem Konzernvorstand und den Vorständen der Betriebsführungsgesellschaften besteht. Damit ist eine klare funktionelle Gliederung und ebenso klare aktienrechtliche Verantwortung für die Führung der Geschäftsbereiche und des Konzerns festgelegt. Gleichzeitig ist mit dem Gesamtvorstand, ein dem Aktiengesetz nicht bekannter Begriff, eine personelle Lösung gefunden, die bei einer sinnvollen Arbeitsorganisation die Erfahrungen und das Wissen aller Vorstände für die Zielfindung und Entwicklung von Strategien sowie zur Abstimmung untereinander nutzbar macht.

Bei der funktionellen Lösung spielen die Planung und Kontrolle eine wichtige Rolle. Nach dem Vorbild angelsächsischer Unternehmen werden die Funktionen der Planung, Information und Kontrolle in der besonderen Position eines Controllers zusammengefaßt, der Mitglied der Geschäftsführung ist. Seine Aufgaben liegen einmal in der Koordination der Einzelpläne, ihrer Zusammenfassung und laufenden Überwachung. Er ist zum anderen dafür verantwortlich, daß alle Führungskräfte rechtzeitig die notwendigen Informationen über die Entwicklung in den Abteilungen und in der Unternehmung im ganzen erhalten. Entscheidend für eine derartige Organisation ist, daß Planung und Berichterstattung über die Ist-Zahlen integriert werden. Das verlangt den Aufbau einer umfassenden Unternehmungsplanung, häufig in einen fünfjährigen strategischen Plan und einen einjährigen Dispositionsplan gegliedert. Für die personelle Unternehmungsorganisation ist diese Aufgabe des Controllers wichtig. Die für seine Tätigkeit wesentliche Kommunikation unterstützt die Kooperation. Durch Teamarbeit treten Kompetenzfragen in einem modernen Controlling-System mehr und mehr in den Hintergrund [108, S. 71]. Mit der umfassenden Unternehmungsplanung wird ein Integrationsprozeß ausgelöst, der auch ein allzu enges Ressortdenken auflockert. Je intensiver die Geschäftsführung die Zielsetzungen im Rahmen der Planung erörtert und dies von den nachgeordneten Führungskräften ebenso gegenüber ihren Mitarbeitern geschieht, desto enger wird die Zusammenarbeit zwischen „oben“ und „unten“.

Für die Praxis ist es natürlich nicht entscheidend, ob eine solche zentrale Funktion für die einheitliche Planung, Information und Überwachung mit dem angelsächsischen Begriff des Controllers bezeichnet wird. Selbstverständlich ist es ebenso möglich, auch das in deutschen Unternehmungen vertrautere zentrale Finanz- und Rechnungswesen zu einer entsprechenden Steuerungs- und Informationszentrale auszugestalten.

2.3.3.3 *Einheit der Leitung im Aktienrecht und Steuerrecht*

Bei den in den vorigen Abschnitten gebrachten Beispielen, in Konzernen die Einheit der Leitung durch personelle Lösungen (Personalunion und vertikale Kollegienbildung) oder durch funktionelle Lösungen zu gewährleisten, dürfen die möglichen rechtlichen Wechselbeziehungen nicht übersehen werden. So ist die einheitliche Leitung im juristischen Sinne ein wichtiges Kriterium für die Rechtswirklichkeit des Konzerns, insbesondere im Hinblick auf die Berichts- und Auskunftspflichten. Dazu gehören die Verpflichtung zur Aufstellung von Gesamtkonzernabschlüssen oder Teilkonzernabschlüssen nach Aktiengesetz, Einführungsgesetz zum Aktiengesetz und Publizitätsgesetz. Zu den Auskunftspflichten gehört, daß jedem Aktionär auf Verlangen vom Vorstand Auskunft über Angelegenheiten der Gesellschaft zu geben ist, soweit sie zur sachgemäßen Beurteilung des Gegenstandes der Tagesordnung erforderlich ist. Diese generelle Bestimmung in § 131 AktG ist in § 293 für den Aktionär in Konzernen dahin erweitert, daß er in der Hauptversammlung, die über die Zustimmung zu einem Beherrschungs- oder einem Gewinnabführungsvertrag beschließt, Auskunft auch über alle für den Vertragsabschluß wesentlichen Angelegenheiten verlangen kann. Von nicht geringerem Rang sind die Bestimmungen über die Kopplung von Leitungsmacht und Verantwortlichkeit bei Abhängigkeit von Unternehmen, die in den §§ 308ff. AktG geregelt sind.

Sind ein herrschendes und ein oder mehrere abhängige Unternehmen unter der einheitlichen Leitung des herrschenden Unternehmens zusammengefaßt, so bilden sie nach § 18 AktG einen Konzern; die einzelnen Unternehmen sind Konzernunternehmen. Wie im Arbeitsrecht wird auch im Aktienrecht nicht die Bezeichung Unternehmung, sondern Unternehmen gebraucht. Das Aktiengesetz hat aber ebenso von einer Legaldefinition des Unternehmensbegriffes abgesehen wie von einer Definition für die „einheitliche Leitung". In den juristischen Kommentaren gibt es keine einheitliche Abgrenzung hierfür, wie das auch in der Betriebswirtschaftslehre zutrifft. Die Vorschriften der §§ 291ff. AktG regeln unter der Sammelbezeichnung Unternehmensvertrag die verschiedenen Vertragstypen, die ein Abhängigkeitsverhältnis zwischen einer Aktiengesellschaft oder Kommanditgesellschaft auf Aktien gegenüber einem anderen Unternehmen begründen, wie z. B. durch den Beherrschungsvertrag oder den Gewinnabführungsvertrag. Nach § 18 Abs. 1 AktG begründet ein Beherrschungsvertrag ebenso wie die Eingliederung die unwiderlegbare Vermutung für das Bestehen eines Konzernverhältnisses. Wichtig ist, daß die einheitliche Leitung wesentliches Kriterium ist, sowohl für den Vertragskonzern (Unternehmen, zwischen denen ein Beherrschungsvertrag besteht, oder von denen das eine in das andere eingegliedert ist) als auch für den faktischen Konzern, der im Sinne von § 17 AktG dadurch gekennzeichnet ist, daß ein herrschendes Unternehmen unmittelbar oder mittelbar einen beherrschenden Einfluß auf rechtlich selbständige abhängige Unternehmen ausüben kann. Nach § 17 Abs. 2 AktG wird von einem in Mehrheitsbesitz bestehenden Unternehmen vermutet, daß es von dem an ihm mit Mehrheit beteiligten Unternehmen abhängig ist. Welche Bedeutung die personelle Besetzung der Organe zur Widerlegung der Abhängigkeitsvermutung nach § 17 Abs. 2 AktG hat, mag eine Stellungnahme des Sonderausschusses „Neues Aktienrecht" des Instituts der Wirtschaftsprüfer aus dem Jahre 1968 veranschaulichen. Dazu gehört, daß Beschränkungen in der Handlungsfreiheit des Mehrheitsaktionärs satzungsgemäß oder vertraglich geregelt sind. „Entscheidend bleibt für die Widerlegung der Abhängigkeitsvermutung das Gesamtbild der Beziehung zwischen den Unternehmen und das Verhalten der vertretungsberechtigten Organe; wesentlich ist, daß der Mehrheitsaktionär weder unmittelbar noch mittelbar einen beherrschenden Einfluß auf die Geschäftsführung nimmt. Für die Abhängigkeit würde z. B. sprechen, daß das Präsidium des Aufsichtsrats aus Vertretern des Mehrheitsaktionärs besteht."

Die personellen Verhältnisse sind weiterhin wichtig für das Zusammenwirken von Aufsichtsrat und Vorstand, worauf wir im nächsten Abschnitt gesondert eingehen. Das gilt vornehmlich bei Vertragskonzernen. Nach § 308 AktG ist das herrschende Unternehmen berechtigt, dem Vorstand der beherrschten Gesellschaft Weisungen zu erteilen, die er zu befolgen verpflichtet ist. Wird der Vorstand angewiesen, ein Geschäft vorzunehmen, das nur mit Zustimmung seines Aufsichtsrates vorgenommen werden darf, und wird diese Zustimmung nicht innerhalb einer angemessenen Frist erteilt, so hat der Vorstand dies dem herrschenden Unternehmen mitzuteilen. Wiederholt es danach die Weisung, so ist die Zustimmung des Aufsichtsrates nicht mehr erforderlich; die Weisung darf, wenn das herrschende Unternehmen einen Aufsichtsrat hat, aber nur mit dessen Zustimmung wiederholt werden.

Die einheitliche Leitung ist ebenso für die Anerkennung der steuerrechtlichen Organschaft von Wichtigkeit, wenn auch hier die Definition anders lautet. So heißt es in § 7a des Körperschaftsteuergesetzes, daß das Einkommen einer Kapitalgesellschaft (Organgesellschaft), die sich verpflichtet hat, durch einen Gewinnabführungsvertrag im Sinne des § 291 Abs. 1 AktG ihren ganzen Gewinn an ein anderes inländisches gewerbliches Unternehmen abzuführen, dem Träger des Unternehmens (Organträger) zuzurechnen ist, wenn u. a. die Organgesellschaft ununterbrochen nach dem Gesamtbild der tatsächlichen Verhältnisse wirtschaftlich und organisatorisch in das Unternehmen des Organträgers eingegliedert ist. Die organisatorische Eingliederung ist stets gegeben, wenn die Organgesellschaft durch einen Beherrschungsvertrag im Sinne des § 291 Abs. 1 AktG die Leitung ihres Unternehmens dem Unternehmen des Organträgers unterstellt oder wenn die Organgesellschaft eine nach den Vorschriften der §§ 319 bis 327 AktG eingegliederte Gesellschaft ist. Sind diese besonderen Sachverhalte nicht gegeben, muß die organisatorische Eingliederung durch andere Maßnahmen sichergestellt sein, wie z. B. durch Personalunion zwischen der herrschenden und beherrschten Gesellschaft.

2.3.4 Primäre und sekundäre Geschäftsführungsorgane

In den bisherigen Überlegungen zur Unternehmungsführung wurde davon ausgegangen, daß in der Spitze der Unternehmung nur ein Führungsorgan vorhanden ist, sei es in der Form der Ein-Mann- oder der kollegialen Geschäftsführung. In der Praxis der Unternehmungen, die mehrere oder eine Vielzahl von Eigentümern haben, sind die Aufgaben der Geschäftsführung aber mehr oder weniger zwischen den Eigentümern, einem von ihnen bestellten Vertretungsorgan und dem für die laufenden Geschäfte verantwortlichen Führungsorgan aufgeteilt. In den einschlägigen Gesetzen sind entsprechende Regelungen enthalten. Mit *Carl Wirtz* [126, S. 20ff.] soll deshalb zwischen der primären (unmittelbaren) und der sekundären (mittelbaren) Geschäftsführung unterschieden werden. Die erstere ist verantwortlich für die Initiative und den ordnungsmäßigen Gang der laufenden Geschäfte. Die sekundäre Geschäftsführung hat Überwachungsrechte und gegebenenfalls Mitwirkungsrechte.

Die Vorschriften des Gesetzgebers sind teilweise zwingend, vielfach auch nur dispositiver Art. Daraus ergibt sich eine große Vielfalt der Gestaltungsformen in der Praxis. Im Rahmen dieser Arbeit können nicht alle einschlägigen gesetzlichen Regelungen aufgezählt werden. Wir beschränken uns auf die Bestimmungen für die Aktiengesellschaft und die Personalgesellschaft. Mit der GmbH hat der Gesetzgeber eine Kapitalgesellschaft mit Hinneigung zur Personalgesellschaft geschaffen. Die Praxis der Geschäftsführungsorganisation zeigt daher Ähnlichkeiten mit den Regelungen in der Aktiengesellschaft oder der offenen Handelsgesellschaft (oHG) und Kommanditgesellschaft (KG). Die Regelung in der Aktiengesellschaft ist im übrigen auch Vorbild für die entsprechenden Bestimmungen in den verschiedenen Spezialgesetzen des Unternehmungsrechts.

2.3.4.1 *Primäre Führungsorgane in Gesetz und Praxis*

Bei der Kapitalgesellschaft ist für die Geschäftsführung der Grad der Selbständigkeit gegenüber den Kapitaleignern wichtig. Der Gesetzgeber legt bei der Aktiengesellschaft eindeutig die eigenverantwortliche Leitung durch den Vorstand fest (§ 76 AktG). Er kann aus einer oder mehreren Personen bestehen. Bei Gesellschaften mit einem Grundkapital von mehr als 3 Mio DM hat er aus mindestens zwei Personen zu bestehen, es sei denn, die Satzung bestimmt nur die Ein-Mann-Geschäftsführung. Fallen die Unternehmungen unter die Mitbestimmungsgesetze, ist die Bestellung eines Arbeitsdirektors erforderlich. Nach dem Aktiengesetz von 1937 stand es den Gesellschaftern frei, sich unter Umständen mit einem Vorstandsmitglied zu begnügen. Wie es in der Begründung zum Aktiengesetz 1965 heißt, ist es bei größeren Gesellschaften im Interesse der Aktionäre unerwünscht, daß nur eine Person die Gesellschaft leitet. Deshalb ist als Regel vorgesehen, daß bei größeren Aktiengesellschaften mindestens zwei Vorstandsmitglieder bestellt werden. § 77 AktG bestimmt, daß bei einem mehrköpfigen Vorstand sämtliche Vorstandsmitglieder nur gemeinschaftlich zur Geschäftsführung befugt sind. „Die Satzung oder die Geschäftsordnung des Vorstandes kann Abweichendes bestimmen; es kann jedoch nicht bestimmt werden, daß ein oder mehrere Vorstandsmitglieder Meinungsverschiedenheiten im Vorstand gegen die Mehrheit seiner Mitglieder entscheiden.“ Wie schon erwähnt, ist das früher mögliche für den Vorsitzenden des Vorstandes zu vereinbarende Alleinentscheidungsrecht nicht mehr zulässig.

Gemäß § 114 Abs. 1 HGB sind alle Gesellschafter einer oHG zur Geschäftsführung berechtigt und verpflichtet. Dieser Grundsatz kann jedoch durch den Gesellschaftsvertrag weitgehend geändert werden, um den jeweiligen personellen Verhältnissen gerecht zu werden. Die Geschäftsführer haben normalerweise ihre ganze Arbeitskraft zur Verfügung zu stellen. In den Verträgen kann Abweichendes geregelt werden. So wird z. B. ein Senior-Partner von der Pflicht zur Geschäftsführung entbunden, indem vereinbart wird, daß sie nur insoweit ausgeübt zu werden braucht, als es der Gesundheitszustand erlaubt. Im Gesellschaftsvertrag kann auch ein Gesellschafter von der Geschäftsführung ganz ausgeschlossen werden. Solche Regelungen sind dort zu finden, wo die Zahl der Gesellschafter sehr groß ist. Da die Bestimmung des § 114 HGB dispositiv ist, kann der Gesellschaftsvertrag viele Varianten für die Geschäftsführung der oHG enthalten. Ähnliches gilt für die Komplementäre bei der Kommanditgesellschaft. Nur sie sind zur Geschäftsführung berechtigt und verpflichtet. Nach § 164 HGB sind die Kommanditisten von der Führung der Geschäfte grundsätzlich ausgeschlossen. Es ist aber denkbar, daß ihnen durch vertragliche Regelungen entsprechende Befugnisse eingeräumt werden, so daß wir dann die Position des „Geschäftsführenden Kommanditisten“ haben.

Solche Vereinbarungen sind z. B. zu finden, wenn ein Gesellschafter einer oHG oder ein Komplementär einer KG in die Stellung eines Kommanditisten überwechselt und seine Erfahrungen auf speziellen Gebieten noch weiter genutzt werden sollen. In großen Kommanditgesellschaften wird die Geschäftsführung weitgehend nach den Regelungen für den Vorstand einer Aktiengesellschaft geordnet.

2.3.4.2 *Sekundäre Führungsorgane in Gesetz und Praxis*

2.3.4.2.1 Recht und Wirklichkeit in der Aktiengesellschaft

Das AktG 1965 hat die zweigeteilte Verwaltung beibehalten; die Leitung der Gesellschaft durch den Vorstand und die Überwachung durch den Aufsichtsrat sind ebenso klar voneinander abgegrenzt wie auch die Rechte und Pflichten, die sie im Hinblick auf die gegenseitige Unterrichtung haben. Nach § 111 AktG hat der Aufsichtsrat die Geschäftsführung zu überwachen. Maßnahmen der Geschäftsführung können ihm nicht übertragen werden. Die Satzung oder der Aufsichtsrat selbst können jedoch bestimmen, daß bestimmte Arten von Geschäften nur mit seiner Zustimmung vorgenommen werden dürfen, was jedoch die Eigenverantwortung des Vorstandes nicht berührt. Die Mitglieder des Aufsichtsrates werden von der Hauptversammlung gewählt, soweit sie nicht in den Aufsichtsrat zu entsenden oder als Aufsichtsratsmitglieder der Arbeitnehmer nach dem Betriebsverfassungsgesetz oder den Mitbestimmungsgesetzen zu wählen sind. Die Befugnisse der Hauptversammlung sind in § 119 AktG festgelegt.

Der rechtlich fixierten Verfassung der Aktiengesellschaft steht eine Praxis gegenüber, die sich im einzelnen weit von dem entfernt, was dem Gesetzgeber bei der Ausgestaltung dieser Unternehmungsform vorschwebte. In den 20er Jahren konnten wir bereits entsprechende Erfahrungen aus der Schrift *Rathenaus* über das Aktienwesen oder der Schrift von *Solmssen* über Probleme des Aktienrechts entnehmen. Sehr ausführlich wurde die Problematik der interessierten Öffentlichkeit durch die damalige große Wirtschafts-Enquete bekannt. Ende der 50er Jahre gab eine Untersuchung über das Zusammenwirken von Vorstand und Aufsichtsrat interessante Einblicke in die Praxis der Nachkriegszeit. Ihr lag eine Befragung von 821 Aktiengesellschaften zugrunde, deren Aktien an den Börsen notiert waren. Wenn auch insgesamt nur 136 Fragebogen zurückgesandt wurden, gaben die darin enthaltenen Antworten dennoch einen interessanten Einblick in die Wirklichkeit [120]. Die bemerkenswerteste Feststellung daraus ist, daß die dem Grundgedanken des Aktiengesetzes entsprechende eigenverantwortliche Leitung durch den Vorstand und die bewußt begrenzte Einflußnahme des Aufsichtsrates nur in knapp 50 v. H. der Unternehmen eindeutig ausgeübt werden. Die Abweichungen beziehen sich vor allem darauf, daß der Aufsichtsrat über die

Überwachung der Geschäftsführung des Vorstandes und die Möglichkeit, sich für bestimmte Geschäfte Zustimmungsvorbehalte einzuräumen, hinaus selbst in mehr oder minder großem Umfang an der Geschäftsführung faktisch teilnimmt. Das ist vor allem dann der Fall, wenn das Aktienkapital in der Hand von Großaktionären oder bei einem einzigen Aktionär vereinigt ist. Dazu gehören auch die Fälle, wo der Großaktionär eine Konzern-Muttergesellschaft ist. Daneben stellt die Arbeit noch zahlreiche weitere Varianten fest, die im wesentlichen aber durch die jeweiligen Persönlichkeiten im Aufsichtsrat und im Vorstand bestimmt sind. In dieser über die Jahrzehnte hinweg festzustellenden Praxis kommt nach *Rudolf Wiethölter* eine Tendenz zum Ausdruck, die wohl als Erfahrungsgesetz anzusprechen ist [123, S. 294]:

a) Die Macht des Aufsichtsrates wächst und sinkt proportional dem Einfluß von Großaktionären; je eindeutiger Aktionäre wirksam und unmittelbar die Gesellschaft beherrschen, desto kraftvoller entfaltet sich ihr Organ – der Aufsichtsrat.

b) Die Macht des Vorstandes dagegen wächst und sinkt proportional der Streuung. Je kleiner und bedeutungsloser die einzelnen Kapitalanteile werden, desto kraftvoller entfaltet sich der Vorstand; er – an sich Exekutive – usurpiert die frei gewordene Regierungsgewalt; die Verwaltungsspitze (Vorstand–Aufsichtsrat) schmilzt zusammen; Stellenbesetzung liegt einheitlich in der Hand der Verwaltung selbst und nahestehender Gruppen. Das unterschiedliche Zusammenwirken von Aufsichtsrat und Vorstand, insbesondere die stärkere Einflußnahme des Aufsichtsrates, hat Folgen für die Haftung, wie dies bei einigen spektakulären Zusammenbrüchen Mitte der 70er Jahre offensichtlich wurde. Sie sind aus der Sorgfaltspflicht zu schließen, mit der Aufsichtsratsmitglieder ihre Aufgaben zu erfüllen haben. Nach § 116 AktG sind die Vorschriften über die Sorgfaltspflicht und Verantwortlichkeit der Vorstandsmitglieder nach § 93 AktG sinngemäß anwendbar. Danach haben Aufsichtsratsmitglieder mit der Sorgfalt eines „ordentlichen und gewissenhaften Geschäftsleiters" zu handeln. Wie der

Verfasser an anderer Stelle schon ausgeführt hat, fehlen Grundsätze ordnungsmäßiger Überwachung; sie könnten die bestehende Unsicherheit über die Haftungsfolgen verringern. Vielleicht sind die zahlreichen Konkurse auch von großen Aktiengesellschaften in den letzten Jahren Anlaß, sich hiermit eingehender zu befassen. In der juristischen Diskussion wird das Problem im Zusammenhang mit der paritätischen Besetzung der Aufsichtsräte nach dem Mitbestimmungsgesetz vom 18. 3. 1976 erörtert.

2.3.4.2.2 Recht und Wirklichkeit in der Personalgesellschaft

Wie bei der AG haben wir auch bei der oHG und KG eine primäre und sekundäre Geschäftsführung. Die sekundäre Geschäftsführung ist entweder die Gesellschafterversammlung oder ein von ihr bestellter „Aufsichtsrat", meist Verwaltungsrat oder Beirat genannt. Der Gesetzgeber hat insbesondere die Informations- und Kontrollrechte der Gesellschafter verankert. So hat nach § 118 HGB jeder Gesellschafter einer oHG das Recht, auch wenn er von der Geschäftsführung ausgeschlossen ist, sich von den Angelegenheiten der Gesellschaft persönlich zu unterrichten, die Handelsbücher und die Papiere der Gesellschaft einzusehen und sich aus ihnen eine Bilanz anzufertigen. Auch diese Regelung ist wieder dispositives Recht, d. h. der Gesellschaftsvertrag kann die Kontrollrechte erweitern oder einschränken. So gibt es Vereinbarungen, daß sie z. B. nur von einem bestimmten Gesellschafter, einem Gesellschafterausschuß oder einem Nichtgesellschafter, einem Wirtschaftsprüfer oder Rechtsanwalt ausgeübt werden können. Das Kontrollrecht kann so spezifiziert werden, daß z. B. eine monatliche Berichterstattung oder vierteljährlich die Aufstellung von Zwischenbilanzen und kurzfristigen Erfolgsrechnungen vereinbart werden. Das gesetzliche Kontrollrecht des Kommanditisten nach § 116 Abs. 1 HGB ist nicht so weitgehend wie bei der oHG. Es kann auch wieder im Gesellschaftsvertrag erweitert, beschränkt oder gar ausgeschlossen werden. In der Praxis ist meist eine Erweiterung der Überwachungsrechte anzutreffen, z. B. im Umfang der Rechte eines uneingeschränkt haftenden Gesellschafters. Ebenso kann wieder eine neutrale Stelle zwischen Kommanditisten und Gesellschaft als sachkundiger Prüfer eingeschaltet werden.

Die Bestimmungen über die Gesellschafterversammlungen sind in § 119 HGB enthalten, die sowohl für die oHG als auch gemäß § 161 Abs. 2 HGB für die KG gelten. Vielfach, insbesondere, wenn der Kreis der Gesellschafter groß ist, werden bestimmte, sonst der Gesellschafterversammlung zur Entscheidung vorbehaltene Fragen durch einen Gesellschafterausschuß entschieden. Seine Rechte können so ausgestaltet werden, daß sie praktisch die Gesellschafterversammlung ersetzen. Meist ist aber seine Funktion auf diejenige des Aufsichtsrates einer Aktiengesellschaft beschränkt. Insbesondere obliegt dem Gesellschafterausschuß die Bestellung und Abberufung sowie die laufende Überwachung der Geschäftsführung und die Zustimmung zu allen über den Rahmen der laufenden Geschäftsführung hinausgehenden Maßnahmen. Anstelle eines Gesellschafterausschusses und in Ergänzung oder als Ersatz der Gesellschafterversammlung wird in den Gesellschaftsverträgen häufig die Institution eines Beirats verankert. Im Gegensatz zum Gesellschafterausschuß ist für dieses Organ charakteristisch, daß ihm auch gesellschaftsfremde Personen angehören oder daß es sogar nur aus gesellschaftsfremden Personen besteht. Die letztere Regelung gibt es z. B. dort, wo gleichstarke Gesellschaftergruppen mit auseinandergehenden Interessen einander gegenüberstehen. Die Funktionen solcher Beiräte oder Verwaltungsräte sind mannigfaltig abgestuft. Sie können sich auf die Überwachung der Geschäftsführung beschränken. In den Gesellschaftsverträgen werden vielfach weitergehende Befugnisse vereinbart.

2.3.4.3 *Kommunikation zwischen primären und sekundären Geschäftsführungsorganen*

Aus den erwähnten Regelungen für Gesellschafterausschüsse oder Beiräte in den Personalgesellschaften war zu entnehmen, daß vielfach Vorschriften über die Berichterstattung enthalten sind. Der Gesetzgeber hat für die Aktiengesellschaft in § 90 AktG umfassende Regelungen für die schriftliche Berichterstattung festgelegt. Sie sind Unterlagen für gemeinsame Sitzungen von Vorstand und Aufsichtsrat, analog Geschäftsführende Gesellschafter und Beirat (Gesellschafterausschuß oder Gesellschafterversammlung). In großen Aktiengesellschaften werden für die Zusammenarbeit zwischen Aufsichtsrat und Vorstand aus dem Aufsichtsrat besondere Ausschüsse gebildet, die sich mit der Prüfung des Jahresabschlusses, den Investitionen und insbesondere den Personalien, befassen können. Letztere werden oft auch vom sogenannten Präsidium erledigt, das sich aus dem Vorsitzenden und seinen Stellvertretern zusammensetzt.

Neben den gemeinsamen Sitzungen von Vorstand und Aufsichtsrat wird üblicherweise der Kontakt zwischen beiden Gremien über ihre jeweiligen Vorsitzenden wahrgenommen. Wie aus der erwähnten Arbeit von *Werth* schon hervorgeht, wird die Praxis vielfach von den Persönlichkeiten bestimmt, die den Vorsitz in den Organen führen. Es gibt Beispiele, wo eine allseitig, insbesondere auch vom Aufsichtsrat tolerierte, aktive Persönlichkeit in Gestalt des „Generaldirektors" im Vorstand die Organe der Unternehmung praktisch beherrscht. Die Lage kann auch umgekehrt sein, wenn z. B. der tüchtige Generaldirektor aus dem Vorstand in den Aufsichtsrat hinüberwechselt. In der Praxis hat es immer wieder solche Fälle gegeben, wo dann unter Umständen der Aufsichtsratsvorsitzende der „heimliche Vorsitzende" des Vorstandes geblieben ist. Wie die Erfahrung zeigt, bleiben dann Spannungen und oft auch unerfreuliche Auswirkungen für das Unternehmen nicht aus. Die Kommunikationsprobleme können sich besonders problematisch gestalten, wenn im sekundären und primären Leitungsorgan gleichzeitig zwei „erste Männer" vorhanden sind und sich für das Unternehmen in gleicher Weise profilieren wollen. Die Zusammenarbeit beider Organe wird dann ganz von diesen Spannungen bestimmt, die in der Regel nicht verborgen bleiben und auf die weiteren Führungskräfte in der Unternehmungsspitze ausstrahlen.

Die hier für die Aktiengesellschaft geschilderte Praxis ist im Prinzip mit der Zusammenarbeit zwischen primärem und sekundärem Geschäftsführungsorgan in anderen Rechtsformen der Unternehmung zu vergleichen. Wie schon für die Personalgesellschaften kurz dargelegt, ist bei diesen die Vielfalt der Bestimmungen größer, die dem sekundären Organ umfangreichere Rechte gegenüber der laufenden Geschäftsführung einräumen. Das bedingt denn auch eine sehr intensive Zusammenarbeit. In den Gesellschaftsverträgen werden dem dispositiven Recht entsprechend z. B. in umfassender Form die Rechte der Gesellschafter oder des von ihnen bestellten Beirats festgelegt. Sie enthalten den Katalog der Geschäftshandlungen, die der Zustimmung des sekundären Organs bedürfen. Die Unterschiede der Vertragsgestaltung sind nicht zuletzt auf die personelle Vielfalt zurückzuführen, die sich z. B. bei den Familiengesellschaften daraus ergibt, daß jüngere persönlich haftende Gesellschafter für die laufende Geschäftsführung verantwortlich sind, sich die Gesellschafter dann entsprechende größere Rechte vorbehalten. Dabei gibt es vielfach auch wieder Differenzierungen innerhalb der Gesellschafter, was oft von ihrer jeweiligen Kapitalkraft und ihrem Haftungsvermögen abhängt.

Mit den Ausführungen über die Führungsorganisation in der Unternehmungsspitze sollte anschaulich werden, daß es gerade in der Praxis eine personelle Vielfalt gibt, die mit der vereinfachenden Bezeichnung einer Geschäftsführung oder eines Vorstandes, eines Beirates oder Aufsichtsrates nicht sichtbar werden kann. Für die Organisation einer Unternehmung sind aber gerade diese personellen Strukturen wichtig, weil sie ebenso vielfältig auf die nachfolgenden Führungsinstanzen ausstrahlen [57]. Sind z. B. zwischen den Geschäftsführern die Kompetenzen ihrer Arbeitsgebiete nicht klar abgegrenzt, kann es Überschneidungen geben, die die laufenden Arbeiten empfindlich stören können. Nicht ohne Probleme ist es auch, wenn sekundäre Organe in zu großem Maße bei der laufenden Geschäftsführung mitwirken, ohne daß sie eine entsprechend klare Position wahrnehmen, die für alle zu ersehen ist. Das gilt insbesondere für die Personalgesellschaften und die Gesellschaften mit beschränkter Haftung, bei denen für die individuellen Regelungen der Gesetzgeber große Freiheiten gelassen hat. Aus organisatorischer Sicht ist der Grundsatz der Kongruenz, daß sich Aufgabe, Verantwortung und Kompetenz decken, besonders zu beachten.

2.3.4.4 *Rolle der externen Prüfung*

Im Jahresabschluß (Bilanz und Gewinn- und Verlustrechnung) findet ein erheblicher Teil der Geschäftsführung ihren Niederschlag. Das erzielte Ergebnis gibt Aufschluß darüber, ob die Unternehmung in ihrer Gesamtheit wirtschaftlich gearbeitet hat. Es kommt daher nicht von ungefähr, daß überall da, wo Eigentümer und Geschäftsführung nicht personengleich sind, die Ermittlung und Feststellung des jährlichen Gewinnes und ihre Überprüfung von einigem Belang sind. Auf die entsprechenden Rechte der Gesellschafter ist im Abschnitt über die sekundären Führungsorgane in Recht und Praxis hingewiesen worden. Die Prüfungsrechte der Gesellschafter oder der von ihnen benannten Aufsichtsorgane können auch Dritten übertragen werden (§ 118, 166 HGB; § 111 AktG). Viele Personalgesellschaften, Gesellschaften mit beschränkter Haftung beauftragen einen Wirtschaftsprüfer mit der jährlichen Abschlußprüfung nach den Vorschriften des Aktiengesetzes.

Nach § 162 AktG ist die Pflicht zur Prüfung des Jahresabschlusses durch Abschlußprüfer festgelegt. Hat keine Prüfung stattgefunden, so kann der Jahresabschluß nicht festgestellt werden. Nach § 164 AktG können nur Wirtschaftsprüfer und Wirtschaftsprüfungsgesellschaften Abschlußprüfer sein. Entsprechende Pflichtprüfungen sind ferner vorgeschrieben für private Versicherungsunternehmungen und Bausparkassen, Kreditinstitute, Erwerbs- und Wirtschaftsgenossenschaften, gemeinnützige Wohnungsunternehmungen, Wirtschaftsbetriebe der öffentlichen Hand. Zur aktienrechtlichen Jahresabschlußprüfung gehört nicht nur die Bestätigung der Ordnungsmäßigkeit der Rechnungslegung, sondern auch der Prüfungsbericht, der vom Vorstand unverzüglich nach Eingang dem Aufsichtsrat vorzulegen ist. Wie es in § 166 AktG heißt, ist im Bericht besonders festzustellen, ob die Buchführung, der Jahresabschluß und der Geschäftsbericht, soweit er den Jahresabschluß erläutert, den gesetzlichen Vorschriften entsprechen und ob der Vorstand die verlangten Aufklärungen und Nachweise erbracht hat. Die Posten des Jahresabschlusses sind aufzugliedern und ausreichend zu erläutern. Bei den Beratungen zum Aktiengesetz 1965 war hierzu beantragt worden, daß im Prüfungsbericht auch die Entwicklung der Vermögens- und Ertragsverhältnisse sowie die Bilanzstruktur darzustellen sind. In den Ausschußberatungen wurde diesem Antrag nicht stattgegeben. Die Ausschüsse sind davon ausgegangen, daß die Prüfungsberichte schon jetzt ganz überwiegend diese Darstellung enthalten, wobei es auch ohne ausdrückliche gesetzliche Regelung bleiben werde. Diese Analyse der wirtschaftlichen Verhältnisse im Zusammenhang mit der Jahresabschlußprüfung hat bei kleineren und mittleren Gesellschaften, die meist die Rechtsform der oHG, KG oder GmbH haben, verständlicherweise eine größere Bedeutung als beispielsweise dies in Großunternehmungen in der Rechtsform der Aktiengesellschaft der Fall ist, die durch ein ausgebautes Rechnungswesen eine systematische laufende Überwachung der Geschäftsgebarung kennen.

Neben den Jahresabschlußprüfungen gibt es in der Praxis zahlreiche Einzel- oder Sonderprüfungen, die durch die Gesellschafter oder die Aufsichtsorgane veranlaßt werden können. Dazu zählen Gründungs- und Liquidationsprüfungen, Kostenprüfungen, Rentabilitätsprüfungen, Kreditwürdigkeitsprüfungen, Prüfungen von Großinvestitionen, Prüfungen der Preispolitik, Prüfungen der Unternehmungsorganisation, um einige wichtige Beispiele aus der Praxis zu nennen. Anlässe hierfür können beabsichtigte Umwandlungen, Unternehmungsverkäufe, Unternehmungszusammenschlüsse oder auch überraschende Entwicklungen in der Ertragslage sein. Der externe Prüfer wird zu solchen Aufgaben nicht zuletzt deswegen herangezogen, weil sie eine umfassende Kenntnis der Materie sowohl in betriebswirtschaftlicher als auch in handelsrechtlicher und steuerrechtlicher Hinsicht verlangen, dem Ausbildung und Praxis des Wirtschaftsprüfers besonders gerecht werden.

Bei den großen Zusammenbrüchen in den letzten Jahren, insbesondere bei einer namhaften Bank, wurde immer wieder gefragt, wer hier verantwortlich zu machen ist. Die Fragen richteten sich einmal an den Vorstand, aber auch an den Aufsichtsrat und den Wirtschaftsprüfer. Geht man von den Bestimmungen des Aktiengesetzes aus, hat der Gesetzgeber versucht, eine Art Gleichgewicht der Überwachung der Geschäftsführung herzustellen. Dazu gehören die erwähnten Vorschriften für die Pflichtprüfung und die Überwachung durch den Aufsichtsrat. Der Gesetzgeber hat ferner daran gedacht, daß der Wirtschaftsprüfer an den Sitzungen des Aufsichtsrats oder seines Ausschusses über die Beratung des Jahresabschlusses teilnimmt (§ 171 AktG), was nach der Begründung des Regierungsentwurfs zweckmäßig sein kann. Der Aufsichtsrat hat seinerseits seine Überwachungstätigkeit gegenüber der Hauptversammlung zu vertreten, der er über das Ergebnis der Prüfung des Jahresabschlusses und des Geschäftsberichts schriftlich zu berichten hat. Er hat darin mitzuteilen, „in welcher Art und in welchem Umfang er die Geschäftsführung während des Geschäftsjahrs geprüft hat. Er hat ferner zu dem Ergebnis der Prüfung des Jahresabschlusses durch die Abschlußprüfung Stellung zu nehmen . . .“ (§ 171 AktG). Wie so häufig, stimmen „Verfassungsrecht und Verfassungswirklichkeit“ auch bei der Aktiengesellschaft nicht überein. So wird in den Aktiengesellschaften der Privatwirtschaft von der Teilnahme des Abschlußprüfers an den Abschlußbesprechungen des Aufsichtsrats nicht allzu oft Gebrauch gemacht. Auch die Berichte des Aufsichtsrats an die Hauptversammlung über seine Prüfung des Jahresabschlusses und der Geschäftsführung sind meist auf eine knappe, in Anlehnung an den Gesetzestext standardisierte Formulierung beschränkt.

2.3.5 Führungsnachfolge

Geeigneten Nachwuchs für ausscheidende Geschäftsführer zu gewinnen, ist wie in der Vergangenheit so auch in der Gegenwart schwierig; Beispiele mögen das veranschaulichen.

Aus dem Vorstand einer mittelgroßen Aktiengesellschaft scheidet der Techniker wegen Erreichens der Altersgrenze aus. Der Aufsichtsrat sucht einen Nachfolger. In den eigenen Reihen wäre ein jüngerer Mitarbeiter zwar fachlich für diese Position geeignet, hat aber nach eigenem Empfinden noch nicht genügend Erfahrung für eine solche Position sammeln können. Man könnte einen anderen, nur wenige Jahre älteren technischen Fachmann einstellen, der von außen kommt. Aber da besteht die Gefahr, daß es wegen des geringen Altersunterschiedes zu Unstimmigkeiten kommt und die befähigte Nachwuchskraft die Gesellschaft verläßt.

Die beiden geschäftsführenden Gesellschafter einer offenen Handelsgesellschaft haben bereits seit längerem ihre Söhne in der Unternehmung angestellt. Nun denken beide Senioren aus Altersgründen daran, die Geschicke der Unternehmung ihren Nachfolgern zu übertragen. Aber sie möchten weiterhin „die Hand darüber halten".

In einem größeren Konzern mit mehreren Tochtergesellschaften ist der Vorsitzende des Vorstandes in der Konzernspitze 64 Jahre alt geworden. Ein neues, jüngeres Vorstandsmitglied wurde als dezidierter Nachfolger vom Aufsichtsrat benannt. Doch kommt es innerhalb kürzester Zeit zu betriebsstörenden Spannungen zwischen beiden Männern.

Diese aus der Praxis gegriffenen Fälle, die beispielhaft für viele ähnliche Vorkommnisse bei der Nachfolgeregelung sind, charakterisieren die Problematik. Im Einzelfall sind die früher erwähnten rechtlichen und praktischen Gestaltungsformen der Geschäftsführung zu beachten. Nach *Gutenberg* lassen sich die Unternehmungen ohne Rücksicht auf rechtliche Klassifizierungen und Bestimmungen einmal nach Eigentümer-Unternehmungen und zum anderen nach Geschäftsführer-Unternehmungen gliedern. Eigentümer-Unternehmungen können auch als Unternehmer-Unternehmungen bezeichnet werden. Es handelt sich hier um Unternehmungen, bei denen das Eigentum daran und die Geschäftsführung in einer oder mehreren Personen vereinigt sind. Fallen Anteilsbesitz und Geschäftsführungsfunktion auseinander, liegen Geschäftsführer-Unternehmungen vor. Sie werden auch als Manager-Unternehmungen charakterisiert [31, S. 12].

2.3.5.1 *Nachfolgeregelung bei Geschäftsführer-Unternehmungen*

Eine erste Frage bei der Nachfolgeregelung sollte sich darauf erstrecken, ob für den Nachfolger der gleiche Funktionsbereich des Vorgängers gültig sein soll oder nicht. Es ist zweckmäßig, vorab die bisherige Abgrenzung von Aufgaben und Verantwortung zu überprüfen. Viele personelle Schwierigkeiten entstehen oft dadurch, daß der Nachfolger in die Position des Vorgängers eintritt, ohne daß die bestehenden organisatorischen Abgrenzungen kritisch durchleuchtet wurden. Die Praxis zeigt immer wieder Fälle, daß z. B. der ausscheidende Geschäftsführer mit der Zeit viel zu viel Verantwortung auf sich vereinigt hatte. Man hatte sich mehr oder weniger damit abgefunden. Mit der Nachfolgeregelung wäre der geeignete Zeitpunkt gekommen, eine Änderung vorzunehmen. So sehr natürlich die oberste Geschäftsführung eine Frage der „Persönlichkeit" ist, sollte eine kritische Prüfung der gewachsenen organisatorischen Verhältnisse nicht übersehen werden. Das kann im übrigen auch dazu führen, daß z. B. das ausscheidende Mitglied einer mehrköpfigen Geschäftsführung nicht ersetzt zu werden braucht. So ist denkbar, daß keinerlei Schwierigkeiten bestehen, durch eine Neuverteilung der Funktionsbereiche in der verbleibenden Geschäftsführung auf eine neue Position zu verzichten.

Ein zweites grundsätzliches Problem ist, ob der Nachfolger aus den eigenen Reihen oder von außen gewählt werden soll. Die Besonderheiten bei personenbezogenen Unternehmungen können außer acht gelassen werden, da sie noch zu behandeln sind. In Geschäftsführer-Unternehmungen wie Kapitalgesellschaften oder Gesellschaften mit beschränkter Haftung sind die Überlegungen zum Teil von der Größe der Unternehmung abhängig. Je größer eine Aktiengesellschaft ist, z. B. eine Vielzahl von großen Tochtergesellschaften hat, desto näher liegt es, den Nachfolger aus der Geschäftsleitung einer der Tochtergesellschaften zu wählen. Manchen Vorteilen eines solchen Verfahrens stehen Nachteile gegenüber. Die Bestellung aus dem eigenen Führungskräftereservoir macht es möglich, den designierten Nachfolger rechtzeitig auf seine Eignung hin zu überprüfen. Je nachdem, wie offen entsprechende Regelungen bereits erklärt worden sind, ist eine systematische Vorbereitung auf die neue Position möglich. Die Auswahl aus der eigenen Unternehmung ist nicht zuletzt ein gutes Beispiel dafür, daß man auch in seinem eigenen Betrieb etwas werden kann. Aber die Nachteile dürfen nicht übersehen werden. Ist die Auswahl zu sehr auf das eigene Unternehmen fixiert, unter Umständen gar ein ungeschriebener geschäftspolitischer Grundsatz, wird damit das Reservoir für mögliche Nachfolger reduziert. Damit in Verbindung steht die Gefahr, daß die Auswahl doch nicht so sachgerecht vorgenommen wird, wie sie erforderlich wäre, weil informelle Beziehungen (z. B. gemeinsame Ausbildungszeit, Mitgliedschaft in einzelnen Institutionen usw.) eine größere Rolle spielen als sachgerechte Kriterien. Damit können die positiven Aspekte des innerbetrieblichen Aufstiegs schnell paralysiert werden. Da solche Vorgänge gleichsam einem Seismographen ähnlich mit den leisesten Andeutungen in den beteiligten Gruppen registriert werden, kann es zu mancher Störung im interpersonellen Aufbau führen. In der Praxis ist zu erleben, wie sich plötzlich innerhalb der obersten Führungsschichten neue Gruppierungen bilden. Frühere Spannungen oder gar Feindschaften werden dann begraben, weil man sich im Hinblick auf den bevorstehenden Wandel neu zu arrangieren versucht.

So wie das ausscheidende Mitglied einer Geschäftsführung unter Umständen eine auf seine persönlichen Interessen und Fähigkeiten abgestellte unmittelbare Organisation seines Bereiches hinterläßt, ist es in der Praxis oft auch so, daß der Nachfolger nun seinerseits aufgrund seiner persönlichen Eignungen und Vorstellungen neue organisatorische Regelungen des zu besetzenden Bereichs verlangt. Das kann seine Vorteile haben. Es sind aber auch Störungen in der personellen Struktur möglich, wenn dabei zu wenig sorgfältig vorgegangen wird.

2.3.5.2 *Nachfolge bei Eigentümer-Unternehmungen*

Eigentümer-Unternehmungen gibt es in der Rechtsform der Einzelfirma, der Personalgesellschaft, aber auch der Kapitalgesellschaft, wenn die Anteile von einer Person oder wenigen Eigentümern gehalten werden, die gleichzeitig auch Geschäftsführer sind, wie das häufiger bei der GmbH anzutreffen ist. Aus Gründen der Vereinfachung gehen wir bei unseren weiteren Ausführungen primär von der Einzelfirma und der Personalgesellschaft aus.

Aus systematischen Gründen muß der in der Praxis nicht seltene Fall vorangestellt werden, daß in der Eigentümer-Familie kein leiblicher Nachfolger der amtierenden Personen in der Geschäftsführung vorhanden ist. Das ist z. B. bei persönlich haftenden Gesellschaftern der oHG oder KG gegeben, wenn keine Söhne oder Töchter vorhanden sind, die als Nachfolger für die Geschäftsführung in Betracht kommen. Wir haben aber auch nicht selten die Fälle, daß die leiblichen Nachkommen kein Interesse an der Übernahme der Geschäftsführung haben.

Ist bei Eigentümer-Unternehmungen kein unmittelbar oder mittelbar zur Familie zu zählender Nachfolger vorhanden, entsteht die Frage, ob ein Familienfremder zur Leitung herangezogen werden soll und wie sich das am besten regeln läßt. Für die personelle Unternehmungsorganisation kommt es in diesem Falle darauf an, ob und wie sich der aufzunehmende neue Gesellschafter in die oHG und ihre Geschäftsführung einfügt, die Gefahr, dauernd ein Fremdkörper zu sein, vermieden wird. Um den Risiken einer fehlenden Nachfolge, z. B. bei Personengesellschaften, auszuweichen, bietet sich in diesen Fällen unter Umständen die Lösung an, das Unternehmen zu einer GmbH & Co. KG umzuwandeln.

In Familienunternehmungen ist die Nachfolgeregelung schwierig, wenn mehrere Familienstämme z. B. Eigentümer einer oHG oder auch KG sind. Es gilt aber ebenso auch für die Kapitalgesellschaft, wenn sich z. B. die Aktionäre einer Aktiengesellschaft auf zwei Familienstämme verteilen, zwischen denen Zerwürfnisse bestehen. Die Nachfolge in diesen Unternehmungen kann auch dadurch besondere personelle Probleme aufwerfen, daß Mitglieder der Familie ihnen eventuell im Vertrag zugestandene Rechte der Unternehmensführung wahrnehmen, aber nicht die fachlich geeigneten Geschäftsführer benennen.

2.3.5.2.1 Ausbildung des Nachfolgers

In der Praxis ist die Nachfolgefrage oft damit verbunden, daß der Sohn oder die Tochter des Eigentümer-Geschäftsführers auf die Nachfolge vorbereitet werden müssen bzw. durch eine entsprechende „Ausbildungszeit" ein Urteil über die Eignung gewonnen werden soll. Die Ausbildung hängt im einzelnen von der Branche, den Aufgaben der Unternehmung und nicht zuletzt von ihrer Größe ab. So ist es sicher nützlich, daß im kleineren Betrieb der Nachfolger möglichst mehrere Stufen durchläuft, also von der Pike auf beginnt, weil für diese Größenordnungen die fachliche Ausbildung wichtig ist. Bei größeren Unternehmen empfiehlt sich ein anderer Aufbau des Ausbildungsprogramms. Es muß sich stärker auf die eigentlichen Führungsaufgaben konzentrieren. Eine für die Praxis der Ausbildung wichtige Frage ist, ob der auszubildende Nachfolger die Rolle des Volontärs haben soll oder ob er möglichst bald Mitarbeiter mit eigener Verantwortung wird. Es ist zweckmäßig, eine Kombination zu finden, so daß der Nachfolger unter Umständen mit einer Assistentenstelle, also einer Stabsstelle, beginnt und dann später in ausgesprochenen Linienpositionen mit entsprechender Verantwortung tätig wird.

Eine andere grundsätzliche Frage ist, ob eine Ausbildung in fremden Unternehmungen zweckmäßiger ist. Es ist eine alte hanseatische Erfahrung, daß es immer wertvoll ist, wenn sich der mögliche Nachfolger in der Fremde den Wind um die Ohren wehen läßt. Hat ein Unternehmen mehrere Niederlassungen oder eigene Tochtergesellschaften, bieten sich hier günstige Ausbildungsmöglichkeiten an. Der Nachfolger wird gleichsam im eigenen Unternehmen „in die Fremde" geschickt.

Sind Unternehmer und Nachfolger im gleichen Unternehmen tätig, stehen wir vor den mannigfaltigen Problemen des Generationsunterschiedes. Sie seien mit einigen Leitsätzen dargelegt, wie sie auf einer Arbeitstagung der selbständigen Unternehmer zum Nachfolger-Problem festgelegt wurden [14, S. 45]:

- Die junge Generation muß sehr früh in die Atmosphäre hineinwachsen.
- Der Nachfolger braucht eine gute, planmäßige Grundausbildung.
- Nach der Ausbildung braucht der Nachfolger im eigenen Betrieb einen ständig wachsenden „entscheidungsfreien" Raum.
- Der Nachfolger braucht frühzeitig enge Zusammenarbeit mit seinem Vorgänger.
- Der Nachfolger braucht rechtzeitig das Vertrauen seines Vorgängers.
- Der Nachfolger braucht Sicherheit, vor allem innere Sicherheit.
- Unternehmen und Familie fordern vom Vorgänger und Nachfolger gegenseitiges Verständnis, gegenseitige Achtung und Toleranz.
- Das Unternehmen braucht Kontinuität.
- Das Unternehmen braucht Stabilität.

Die zitierten Leitsätze machen deutlich, daß vom Unternehmer wie vom Vater in der Familie ein großes pädagogisches Geschick verlangt wird, wenn er zu seinen Lebzeiten den Nachfolger im Unternehmen ausbilden soll. Dabei muß ein Punkt besonders herausgestellt werden, der bei der Vielzahl der Forderungen ein wenig untergeht. Es ist der Satz, daß nicht nur vom Vorgänger, sondern auch vom Nachfolger gegenseitiges Verständnis, gegenseitige Achtung und Toleranz gefordert werden. Die Nachfolger müssen darüber hinaus Verständnis für das Hergebrachte und Überkommene aufbringen, sowohl in sachlicher als auch personeller Sicht.

2.3.5.2.2 Rechtliche Maßnahmen

Es gehört zu einer alten Erfahrung, daß oft die erfolgreichsten und tüchtigsten Unternehmer es versäumen, früh genug die notwendigen Entscheidungen über die Nachfolgeregelung zu treffen.

Es ist dabei keine Lösung, sich erst im vorgerückten Alter über die Nachfolge Gedanken zu machen. Zwar ist es nicht zu verkennen, daß die Nachfolgeplanung bei einem jüngeren Unternehmer ungleich schwieriger ist. Seine Kinder sind vielleicht noch jung, so daß sich nicht absehen läßt, wie sie sich entwickeln und insbesondere, ob sie die für notwendig erachteten Eigenschaften erwerben werden, das Unternehmen zu führen. Macht man sich jedoch klar, daß das plötzliche Ableben eines jungen Unternehmers, z. B. durch Verkehrsunfall oder Herzinfarkt, den Bestand des Unternehmens ernsthaft gefährden kann, wenn eine Nachfolgeregelung fehlt, so wird verständlich, daß hierfür rechtzeitig geplant werden muß. Ohne ausführlich darauf einzugehen, sollte bei Einzelfirmen nicht übersehen werden, daß die Ehefrau des Unternehmers in die Nachfolgeplanung einbezogen wird. Je nach dem Alter der Kinder kann sie plötzlich vor der Notwendigkeit stehen, die Verantwortung für das Unternehmen übernehmen zu müssen. Es ist deshalb zu überlegen, wie die Ehefrau des Unternehmers zweckmäßig auf eine solche mögliche Aufgabe vorbereitet wird.

Rechtliche Regelungen der Nachfolge sind vor allem wichtig für den Todesfall des Inhabers einer Einzelfirma oder des geschäftsführenden Gesellschafters einer oHG und KG. Sind in den Gesellschaftsverträgen der Personalgesellschaften keine Nachfolgeregelungen für den Todesfall getroffen, sind sie nach dem geltenden Recht aufgelöst (§ 131ff. und § 161ff. HGB). Deshalb ist z. B. in Verträgen von Kommanditgesellschaften festgelegt, daß der Komplementär seinen Nachfolger schon zu Lebzeiten benennen darf. In Gesellschaften mit mehreren Familienstämmen gibt es Vereinbarungen, daß jeder einzelne geschäftsführende Gesellschafter berechtigt ist, seinen Nachfolger zu benennen. Hier ist es wichtig, den Anforderungen an die Qualifikation des „Kronprinzen“ besondere Beachtung zu schenken. Andere Verträge regeln, daß der Nachfolger erst nach dem Tode des geschäftsführenden Gesellschafters benannt werden soll. Das Wahlrecht wird dann entweder nur den Erben oder ihnen gemeinsam mit den übrigen Gesellschaftern eingeräumt. Ist ein Beirat vorhanden, kann dieser verpflichtet werden,

den Nachfolger zu bestimmen. Die Konstruktion der GmbH & Co. KG wird oft nicht zuletzt aus Gründen der besseren Nachfolgeregelung gewählt, wobei die GmbH der einzige Komplementär ist. Die Kommanditisten sind dann zugleich Gesellschafter der GmbH. Stirbt deren Geschäftsführer, kann der Nachfolger ohne Schwierigkeiten durch die Kommanditisten-Gesellschafter gesucht und bestellt werden. Die GmbH als juristische Person kann nicht „sterben". Eine umstrittene Frage des Gesellschaftsrechts ist die Rechtsstellung des Testamentsvollstreckers bei der Vererbung der Stellung des persönlich haftenden Gesellschafters, auf die hier nur kurz hingewiesen werden kann [86, S. 301 ff.].

2.3.5.2.3 Schwierigkeiten der Überleitung

Oft ist es für den „Junior" in der Unternehmungsspitze schwierig, das richtige Verhältnis gegenüber den nachgeordneten Mitarbeitern zu finden. Er muß damit rechnen, daß Mitarbeiter ausscheiden, weil sie glauben, nicht mit einem jungen Chef zusammenarbeiten zu können. Der Junior in der Geschäftsführung muß sich bewußt sein, daß er von den Fachkräften der nächsten Führungsebene mit großer Skepsis beobachtet wird. Der „Alte" hatte sich im Laufe der Jahre das Vertrauen seiner Mitarbeiter erworben. Daraus sind persönliche Beziehungen entstanden, die weiterwirken. So sehr von dem jüngeren Chef Aktivität erwartet werden muß, ist doch vor falschem Eifer und dem Versuch zu warnen, die Führung des Unternehmens allzu schnell in die Hand zu bekommen. Schwierig ist es, wenn mit einem solchen Verhalten eine innere Unsicherheit kompensiert wird. Das bleibt den Mitarbeitern nicht verborgen. Auch das andere Extrem ist schädlich. Es erfordert ein großes Maß an Feinfühligkeit und Reife, den richtigen Ton zwischen dem jungen Chef und den Mitarbeitern zu treffen.

Von Fällen plötzlichen Ausscheidens durch Krankheit oder Tod abgesehen, können die Schwierigkeiten der Überleitung dadurch gemildert werden, daß der Seniorchef eine Position erhält, in der er dem Unternehmen mit seinen Erfahrungen erhalten bleibt, ohne jedoch unmittelbar für die Geschäftsführung verantwortlich zu sein. In Aktiengesellschaften bietet sich hierfür ein Aufsichtsratsposten an, gegebenenfalls auch die Position des Aufsichtsrats-Vorsitzenden. Doch darf der Senior dann nicht in den Fehler verfallen, in der neuen Position nun einfach so weiter regieren zu wollen wie bisher, wie dies vor einigen Jahren in einem Großkonzern der Fall gewesen ist. Überall da, wo die Rechtsform der Unternehmung organisatorisch keinen Platz für solche „Senatsfunktionen" vorgesehen hat, ist es zweckmäßig, sie zu schaffen. So ist beispielsweise in vielen Gesellschaftsverträgen von offenen Handelsgesellschaften die Einrichtung eines Beirats oder Verwaltungsrats, nicht zuletzt auch aus diesen Gründen, vorgesehen [81, S. 29ff.].

2.4 Der personelle Faktor in der Stabsorganisation

Wie bereits früher dargelegt, kann die menschliche Arbeitsleistung in der Unternehmung in zwei grundsätzlich voneinander zu trennende Arten aufgegliedert werden, und zwar nach Führungs- oder Dispositionsaufgaben und nach Ausführungsaufgaben. In einer mehrstufigen Unternehmung delegiert die Unternehmungsführung einen Teil ihrer Führungskompetenzen an nachgeordnete Betriebsleiter, Abteilungsleiter, Gruppenleiter usw. Mit *Wolfgang Kilger* sei zwischen der originären dispositiven Arbeit und der delegierten oder derivativen dispositiven Arbeit unterschieden [52, S. 48]. Nur die Geschäftsführung in der Unternehmungsspitze leistet originäre dispositive Arbeit. Alle übrigen Stellen mit Führungsfunktionen haben abgeleitete Führungskompetenzen, d. h. sie arbeiten in einem Dispositionsspielraum, der durch die Anordnungen der Geschäftsführung begrenzt ist. Daneben werden in Unternehmungen von einer bestimmten Größe ab einzelne Mitarbeiter mit den Aufgaben der Entscheidungsvorbereitung, der Planung, der Organisation, der Überwachung beauftragt, ohne daß sie spezielle Weisungsrechte besitzen. In Großunternehmungen handelt es sich hier um umfangreiche Abteilungen. Wenn sie auch nicht unmittelbare Führungsaufgaben wahrnehmen, also nicht delegierte dispositive Arbeit ausführen, so haben sie dennoch mittelbar große

Bedeutung für die Führungstätigkeit. *Kilger* grenzt sie deshalb als dispositionsvorbereitende Arbeit ab. Abb. 8 möge die Gliederung verdeutlichen [52, S. 49].

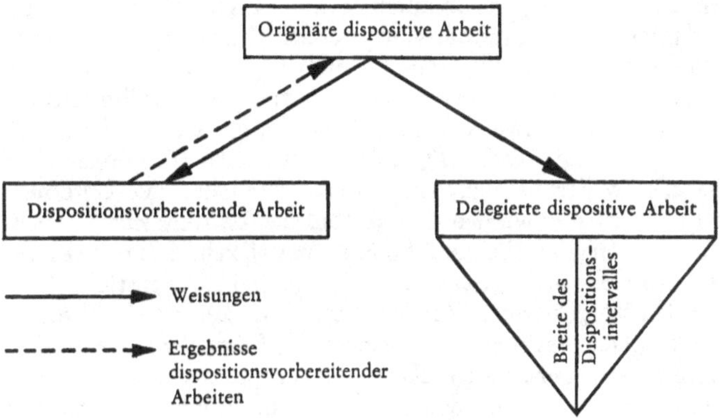

Abb. 8. Schema zur Gliederung der dispositiven Arbeit

Organisationsgeschichtlich interessant ist, daß die Stabsbildung in der amerikanischen Wirtschaft mit *Harrington Emerson* (1853–1931) begründet wurde. Er verwarf die Konzeption der *Taylor*schen Funktionsmeister als zu vielköpfig und ersetzte sie durch die Konzeption einer Verbindung von Linie (line) und Stab (staff). Das Schwergewicht der Tätigkeit im Stab sah er in der Aufrechterhaltung und Erhöhung der Leistungsfähigkeit der Organisation, im Prüfen und Bewerten, in der systematischen Bemühung um Verbesserung, in sachkundiger Beratung und Empfehlung, im Denken und Planen. „Im Grunde bemühte sich *Emerson* um eine Lösung des uralten Problems der Sicherung der Autorität durch Verwertung des Nutzens des Wissens. Nur wenn Autorität gleichzeitig informiert ist, ist sie der Verantwortlichkeit und dadurch der Produktivität fähig. Leitung mußte mit analytischer Kraft ausgestattet werden“ [64, S. 97; 63, S. 536].

2.4.1. Formen der Stabsorganisation

2.4.1.1 *Der persönliche Stab*

Er begegnet uns als Assistent des Geschäftsführers oder Vorstandsmitglieds, oft auch nur des jeweiligen Vorsitzenden in einem mehrköpfigen Gremium. Seine Tätigkeit kann dem Adjudanten aus dem militärischen Bereich entsprechen, der seinen Vorgesetzten begleitet, seine Unterlagen in Ordnung hält, Termine arrangiert und persönliche Korrespondenz für ihn erledigt. Sie kann sich teilweise auf fachliche Tätigkeit erstrecken, z. B. auf Auswertung regelmäßig anfallender Zahlen. Es können auch jeweils Sonderaufgaben aus anderen Bereichen der Unternehmung bearbeitet werden. Der persönliche Assistent kann schließlich an der Entscheidungsbildung mitwirken. Seine Tätigkeit ist also vielfach ein Gemisch aus persönlichen Dienstleistungen für den Vorgesetzten, Facharbeit und Tätigkeit eines Führungsstabs. „Der Assistent hilft seinem Chef bei der Arbeit, man könnte ihn bezeichnen als Verlängerung der Persönlichkeit seines Chefs, der sich den Kopf über die Probleme zerbrechen soll, die seinem Chef Kopfweh machen“ [26, S. 471].

Was beispielhaft für die Unternehmungsspitze ausgeführt wurde, ist ebenso für nachgeordnete Führungsinstanzen gültig. So gibt es in größeren Unternehmungen persönliche Stäbe für einzelne Bereichsleiter, wie z. B. den Leiter des Rechnungswesens, der Finanzen, der Fertigung oder des Absatzes. In der Praxis zeigt sich zuweilen, daß der persönliche Assistent zum Statussymbol und damit zur Prestigefrage wird. Daraus ergeben sich dann Probleme für den Assistenten selbst. Zuweilen ist er nicht genügend ausgelastet, da die Chefs in der Regel zu sehr beschäftigt oder viel auswärts tätig sind. Je nach der Eignung und Qualität des Stabsmannes kann das als mehr oder weniger sinnvoll empfunden werden, vor allem, wenn er mit weniger qualifizierten Arbeiten beauftragt wird. Tüchtige Stabsleute lassen sich das natürlich nur eine kurze Zeit gefallen. Ein anderes Problem des persönlichen Stabs besteht darin, daß er u. U. eine Art Riegel gegenüber den nachgeordneten Mitarbeitern darstellt oder sich als ein allzu subjektiv beeinflußtes Filter betätigt. Aus diesen und anderen Gründen gibt es Unternehmungen, die mit Ausnahme der obersten Geschäftsführung keine persönlichen Stabsstellen dulden. Überlastungen einzelner Vorgesetzter müssen durch entsprechende verbesserte funktionale Ordnungen gelöst werden.

2.4.1.2 *Fachstäbe*

Die Stabstätigkeit kann sich, wie erwähnt, auf ausgesprochene Fachaufgaben konzentrieren. Sind Stäbe ausschließlich hierfür tätig, haben wir es mit Fachstäben oder Spezialstäben zu tun. Sie können sich aus der Tätigkeit des Assistenten entwickelt haben. In größeren Unternehmungen sind derartige Fachstäbe neben den persönlichen Assistenten vorhanden und haben oft den Umfang größerer Abteilungen. Typische Stellen dieser Art sind Stäbe für Recht, Planung, Organisation, Revision, um einige Beispiele zu nennen. So wie die Tätigkeit eines Assistenten nicht nur auf die oberste Führungsebene der Unternehmung beschränkt zu sein braucht, gilt das auch für die Fachstäbe. In Großunternehmungen, vor allem in Konzernen, gibt es dann eine regelrechte Stabsorganisation. Es gibt nicht nur Stabsstellen in der Hauptverwaltung, sondern gleichzeitig zahlreiche Stäbe in den Tochtergesellschaften und Werken. Das ist um so mehr der Fall, desto selbständiger und größer die einzelnen Teilbereiche der Unternehmung sind. Je weiter die Stabsorganisation aufgegliedert ist, sind besondere Koordinierungsaufgaben gegeben. Nach *Hans Wehner* ist die Einrichtung einer besonderen Stabs-Koordinationsstelle zu empfehlen. „Dieser Stelle würde die eigentliche Vorbereitung der Unternehmenspolitik obliegen, sie könnte die Spitzenführung wesentlich entlasten und würde die Parallele zur Stelle des „Chefs des Stabes“ aus dem militärischen Bereich darstellen“ [119, S. 133]. Es muß allerdings die Gefahr verhindert werden, daß dieser Stabschef die „graue Eminenz“ der Unternehmung wird.

Bei den Fachstäben ist anzumerken, daß sie oft nicht nur zur Unterstützung der vorgesetzten Linieninstanz tätig sind, sondern gleichzeitig die Aufgabe haben, andere Linieninstanzen zu beraten. In einem Großfilialunternehmen des Einzelhandels hat z. B. die Stabsabteilung für Absatzförderung in der Zentrale gleichzeitig die Aufgabe, die Geschäftsführer der einzelnen

Filialen zu unterstützen. Dasselbe gilt für die Organisationsabteilungen in Großunternehmungen, die sogar in erster Linie dafür da sind, den übrigen Abteilungen zu helfen. Auf spezialisierte Stäbe besonderer Art wurde bereits bei der Erörterung der Produkt- oder Projekt-Manager hingewiesen. Fachstäbe haben teilweise Aufgaben mit Dienstleistungscharakter. Die Stabsstelle für Absatzförderung kann beispielsweise die Aufgabe haben, für die Aufstellung der Waren in den Läden verantwortlich zu sein. Die Filialleiter können sich dann dieser Stelle bedienen. Ist in der Stabsabteilung für Organisation gleichzeitig das Rechenzentrum eingegliedert, so wird es in Großunternehmungen gleichzeitig eine Dienstleistungsstelle für andere Betriebsbereiche oder Tochtergesellschaften sein.

2.4.1.3 *Führungsstab*

Die Tätigkeit der Stabsstellen ist, wie bereits beim persönlichen Stab erwähnt, recht unterschiedlich. In der Praxis sind die Übergänge fließend. Das gilt insbesondere für die Abgrenzung zur Aufgabe, unmittelbar an der Führungsentscheidung mitzuwirken. *Höhn* setzt sich besonders für den Führungsstab ein, der neben den Fachstäben gebildet werden soll und sich aus „Spezialisten für die Führung" zusammensetzt [44, S. 190]. Vorbild ist der Generalstab in der Armee. Die Ausbildung hierfür legt den Schwerpunkt auf das „generelle" Wissen, auf die Kenntnis vom Zusammenwirken aller Faktoren zur Führungsentscheidung, auf die richtige Einordnung des Speziellen im Rahmen des Ganzen. Es wird daher auch vom Stabsgeneralisten gesprochen. Im Gegensatz dazu sind die Fachstäbe erfahrene Fachleute auf speziellen Gebieten, weshalb der Führungsstab zusätzlich gebildet werden soll. Nach den Vorstellungen von *Höhn* ist er dann auch für verwaltungsmäßige Arbeiten für Entscheidungsvorbereitungen verantwortlich, z. B. die Vorbereitung von Geschäftsführungs-Besprechungen. Er ist sich der Problematik seiner Forderung bewußt, zeigt er doch gleichzeitig auch die Widerstände gegen eine solche Einrichtung auf, wie sie von seiten der Unternehmungsführung, ebenso von der nächsten Abteilungsleiterstufe oder auch von den Fachstäben kommen können, nicht zuletzt wegen des möglichen Abschirmungseffekts.

Von nicht geringerer Bedeutung ist auch die Tatsache, daß an derartige Stäbe besonders hohe Qualitätsforderungen gestellt werden müssen. Nach unserer Auffassung entstehen weitere Probleme aus der jeweiligen Organisation der Führungsspitze, insbesondere bei einer mehrköpfigen Geschäftsführung, die bei dem Kollegialsystem im Prinzip bereits eine Art Generalstab ist, wenn sie nicht in Ressorts aufgesplittert sein soll [82, S. 696]. Bestehen somit auch Bedenken gegen eine Institutionalisierung des Führungsstabes neben Fachstäben, darf die Funktion einer solchen „Führungshilfe" keineswegs unterschätzt werden. Es ist sogar für jedes Führungsgremium wichtig, sich stets darüber klar zu werden, wie konkret die Führungsaufgaben durchzuführen sind und welche Hilfe hierfür zweckmäßig in Anspruch genommen wird.

2.4.2 Verantwortung und Kompetenz

Es ist eine Art Grundgesetz der Unternehmungsorganisation, daß sich Aufgabe, Verantwortung und Kompetenz bei allen Stellen entsprechen müssen. Sie bilden eine untrennbare Einheit [75, S. 9]. Wer eine Aufgabe hat, besitzt damit auch die Verantwortung, sie richtig zu lösen. Ebenso bedarf er dazu bestimmter Kompetenzen. Die Sonderstellung der Stäbe verlangt besonders klare Abgrenzungen, die in der Praxis nicht immer gegeben sind.

Es wurde bereits das charakteristische Merkmal der Stabstätigkeit erwähnt, daß sie keinerlei Entscheidungsbefugnisse oder Anordnungsbefugnisse besitzt. Die Aufgabe der Stabsstellen ist es gerade, zur Vorbereitung von Entscheidungen unterstützend mitzuwirken. Sie sind in erster Linie informierend und beratend tätig. Dementsprechend haben sie eine Informations- und Beratungsverantwortung. Diese Verantwortung ist nicht geringer als die Verantwortung der Linieninstanzen. Es sei nur darauf hingewiesen, welche Rolle die Vorlage von Unterlagen bei der Entscheidungsvorbereitung spielen kann, denken wir an Planungsunterlagen, an Investitionsberechnungen usw. Diese Verantwortung ist ebenso groß bei der Bearbeitung fachlicher Fragen, wie z. B. die der Organisation, Revision. Je mehr die Stäbe bei Führungsentscheidungen eingeschaltet sind, haben sie gleichzeitig auch eine Initiativverantwortung. Die Geschäftsführung kann von qualifizierten Stabsstellen erwarten, daß sie nicht nur Aufträge durchführen und Anregungen aufgreifen, sondern selbst aktiv mitdenken. Werden Stabsstellen in dieser Weise beansprucht, stehen sie unter dem ständigen Zwang, die Entwicklung der Unternehmung oder einzelner Bereiche daraus laufend zu verfolgen, da sie immer bemüht sein müssen, neue Erkenntnisse für ihre Arbeit in der Unternehmung zu gewinnen. Dieser Verantwortung für die Information und Beratung muß ein eigenständiges Recht zur Information und Beratung gegenüberstehen. Das bedeutet praktisch, daß die Stabsstellen den Linienvorgesetzten gegenüber berechtigt sind, auch dann Informationen und Ratschläge zu erteilen, wenn diese nicht erwünscht sind. Normalerweise sollte das kein Konfliktfall sein, da ja von seiten der Führungsinstanzen eben Unterstützung erwünscht ist. Es gibt aber Grenzfälle, in denen auch ein sachlicher Rat unbequem ist. Es bedarf dann sowohl der persönlichen Qualifikation des Stabsmannes wie auch des Chefs, in solchen Fällen weiterhin die Vertrauensbasis nicht zu zerstören.

Es ist nicht unzweckmäßig, entsprechende Regelungen zu treffen. So kann z. B. in der Geschäftsordnung für die Geschäftsführung festgelegt sein, daß der Leiter der Organisationsabteilung das Recht hat, Organisationsvorschläge, die von einem Bereichsleiter nicht akzeptiert werden, über den zuständigen Geschäftsführer in der Gesamtgeschäftsführung zur Entscheidung vorzulegen. In einer Geschäftsordnung hieß es ferner, daß jeder Geschäftsführer seinerseits verpflichtet ist, vor organisatorischen Änderungen den Rat der Organisationsabteilung einzuholen.

Die Tätigkeit der Stäbe in der Praxis zeigt, daß der Grundsatz, ohne Weisungsrecht tätig zu sein, nicht immer eingehalten wird. *Kosiol* sieht drei Fälle, in denen eine Korrektur erforderlich ist [54, S. 136f.]. Der erste Fall ist die Tätigkeit des Stabes, in der er mit abgeleiteter Leitungskompetenz des Vorgesetzten Anordnungen erteilt. Das ist nach unserer Meinung vertretbar, wenn deutlich wird, daß der Stab nur eine Entscheidung übermittelt. Der zweite Fall bezieht sich darauf, daß der Stab Sonderaufträge hat und dafür ein entsprechendes Anordnungsrecht besitzt. Eine weitere Modifikation ist die Abstimmungskollegialität. Sie ergibt sich aus der Notwendigkeit der Stabsstellen, im Rahmen ihrer Aufgaben zu disponieren, ohne jedoch gegen die Zustimmung der gleich- oder nachgeordneten Instanzen zu handeln. Ihrem funktionalen Anordnungsrecht steht dann ein Einspruchsrecht der Linieninstanz gegenüber. Kommt keine Einigung zustande, hat die für beide gemeinsam zuständige oder obere Instanz die Entscheidung zu treffen.

Aus diesen Sonderfällen wird schon deutlich, wie schwierig es in der Praxis ist, die theoretische Forderung, daß Stäbe kein Weisungsrecht haben, eindeutig durchzuhalten. Das wird noch schwieriger, wenn Stäbe Dienstleistungsstellen sind. Damit sind notwendigerweise Entscheidungs- und Anordnungsbefugnisse verbunden. Systematisch läßt sich dieser Fall natürlich in die oben von *Kosiol* erwähnten Modifikationen zum fehlenden Weisungsrecht einordnen. In der Praxis ist aber auch die Abgrenzung zwischen Stabstätigkeit und Dienstleistungsstelle fließend.

2.4.3 Verantwortung des Linienvorgesetzten

Viele Schwierigkeiten mit den Stäben in der Praxis entstehen dadurch, daß von seiten der Linienvorgesetzten nicht immer die notwendigen Maßnahmen für eine störungsfreie Arbeit der Stäbe getroffen werden. Das beginnt mit der richtigen Unterstellung der Stabsmitarbeiter. Probleme treten auf, wenn ein Stab z. B. der mehrköpfigen Geschäftsführung zugeordnet wird. Eine oft in der Praxis anzutreffende Regelung ist, Stabsstellen mit Querschnittsfunktionen, also eigentliche Führungsstäbe, in der Aktiengesellschaft z. B. dem Sprecher oder Vorsitzenden zuzuordnen. Werden ihm Fachstäbe zugeordnet, wird es zweckmäßig sein, zwischen der disziplinarischen und funktionellen Unterstellung zu trennen. Dem Sprecher oder Vorsitzenden des

Vorstandes sind dann die Fachstäbe z. B. nur disziplinarisch unterstellt. Daneben hat jedes andere Vorstandsmitglied das Recht, den Stabsabteilungen Aufträge zu erteilen und sich über Angelegenheiten seines Bereiches direkt informieren zu lassen.

Bei Fachstäben kommt es sehr darauf an, wie sich die Geschäftsführung mit der Tätigkeit ihrer Stäbe identifiziert. Es ist deshalb wichtig, daß Stabsmitarbeiter besonders sorgfältig ausgewählt werden. Sie haben bei fachlichen Aufgaben nicht nur mit ihrem jeweiligen Vorgesetzten zu tun, sondern auch mit den gleich- oder nachgeordneten Instanzen, die sie zu beraten oder zu informieren haben. Die Geschäftsführung muß wissen, daß ihr die Arbeit der Stäbe angelastet wird. Deren Arbeit verliert den Sinn, wenn sich die Geschäftsführung nicht dahinterstellt. An den Stabsstellen liegt es, durch ihre Leistungen dafür zu sorgen, daß sie stets das Vertrauen der Geschäftsführung und aller anderen Bereiche besitzen. Es besteht hier eine Wechselwirkung, die sich aus der Sonderstellung des Stabes ergibt, der sich jede Geschäftsführung bewußt sein sollte.

Für die Auswahl der Stabsmitarbeiter ist wichtig, für sie eine eindeutige Stellenbeschreibung zu haben. Es kommt nicht selten vor, daß gerade diese Mitarbeiter eingestellt werden, ohne daß gleichzeitig das Arbeitsgebiet festgelegt wird. Das ist natürlich bei persönlichen Stäben anders zu sehen als bei Fachstäben und Führungsstäben. Jedenfalls ist entscheidend, daß diese Frage bei der Einstellung klar bedacht wird. Das gilt vor allem z. B. bei speziellen Stäben wie des Produkt- oder Projekt-Managers. So ist nicht uninteressant, daß bei einer Befragung seitens des RKW über das Produkt-Management von einer Reihe von Unternehmungen mitgeteilt wurde, daß das Anforderungsprofil noch nicht ausgereift sei. Nach ihrer Meinung müßte es durch die „Ausbildung am Arbeitsplatz“ im eigenen Hause entwickelt werden.

2.5 Unternehmungsführung und Betriebsrat

Die personelle Unternehmungsorganisation wird heute nicht allein durch die Kompetenz- und Kommunikationssysteme der Führungs- und Arbeitsorganisation gekennzeichnet. Sie wird gleichzeitig durch die Beziehungsstruktur bestimmt, die sich aus den Mitwirkungs- und Mitbestimmungsrechten der Belegschaft und des Betriebsrats im Rahmen der vom Gesetzgeber geregelten Betriebsverfassung ergibt. Im Gegensatz zu den in dieser Arbeit synonym verwendeten Begriffen Unternehmung und Betrieb arbeitet das Recht streng mit zwei verschiedenen Begriffsinhalten. „Nach der mit geringen Nuancen in der Formulierung überall gebräuchlichen Definition ist der Betrieb eine Vereinigung von Arbeitsmitteln, welche vermöge der Identität ihres Inhabers, ihrer einheitlichen Zweckbestimmung und ihrer auf diesen Zweck hin ausgerichteten Organisation eine sich von der Umwelt entscheidende Einheit bildet" [88, S. 123]. Weiter heißt es im arbeitsrechtlichen Schrifttum, daß der Betrieb einem arbeitstechnischen, das Unternehmen einem wirtschaftlichen Ziel diene. In der Wirklichkeit fielen beide zwar meistens zusammen, jedoch könne eine Unternehmung auch aus mehreren Betrieben bestehen, während der umgekehrte Fall ausgeschlossen sei. Diese Definitionen sind umstritten. Im Rahmen der Diskussion um ein neues Unternehmensrecht ist diese Problematik wieder verstärkt in das Blickfeld getreten. Wir wollen es bei diesen kurzen Hinweisen belassen und uns an die überkommene Einteilung des Arbeitsrechts halten.

Der begrifflichen Trennung von Unternehmen und Betrieb zufolge wird arbeitsrechtlich zwischen Betriebsverfassung und Unternehmensverfassung unterschieden. Gegenstand der Betriebsverfassung ist die rechtliche Organisation der Zusammenarbeit von Arbeitgeber und Arbeitnehmern im Betrieb. Dagegen wird in der Unternehmensverfassung die Planungs-, Organisations- und Leitungskompetenz im Unternehmen unter Beteiligung der Arbeitnehmer geregelt [18, Anm. 3]. Sie ist in den Gesetzen über die Mitbestimmung der Arbeitnehmer in den Aufsichtsräten und Vorständen der Unternehmen des Bergbaus und der eisen- und stahlerzeugenden Industrie aus dem Jahre 1951 und dem Ergänzungsgesetz aus dem Jahre 1956, beide mehrfach geändert, ferner in den §§ 76–77 a des Betriebsverfassungsgesetzes aus dem Jahre 1952 enthalten. Mit dem vom Deutschen Bundestag am 18. 3. 1976 beschlossenen Gesetz über die Mitbestimmung der Arbeitnehmer ist der Kreis der Kapitalgesellschaften erweitert worden, für die im Bereich der Unternehmensverfassung eine erweiterte Mitwirkung der Arbeitnehmer vogesehen ist.

2.5.1 Betriebsverfassung und Betriebsratsorganisation

Das Betriebsverfassungsgesetz wird von dem Gedanken beherrscht, daß die Arbeitnehmer durch den Betriebsrat bei der Gestaltung der sie unmittelbar berührenden betrieblichen Ordnung mitwirken, daß sie Einfluß nehmen auf die Gestaltung von Arbeitsplatz, Arbeitsablauf und Arbeitsumgebung, daß sie ferner in personellen Fragen vor den Entscheidungen des Arbeitgebers hinzugezogen werden. Hier räumt ihnen das Gesetz bestimmte Mitwirkungs- und Mitbestimmungsrechte ein. Im Rahmen der eigentlichen unternehmerischen Entscheidungen bestehen Unterrichtungs- und Beratungspflichten. Das Betriebsverfassungsgesetz klammert in § 130 die Verwaltungen und Betriebe des öffentlichen Dienstes aus seinem Anwendungsbereich aus. Die hier geltenden Regelungen der betrieblichen Verfassung sind im Personalvertretungsgesetz vom 15. 3. 1974 für die Verwaltungen des Bundes und der bundesunmittelbaren Körperschaften, Anstalten und Stiftungen des öffentlichen Rechts sowie für die Gerichte des Bundes enthalten.

Das Schwergewicht der Bestimmungen des Betriebsverfassungsgesetzes liegt in der Lösung organisatorischer Fragen. Zum Verständnis der Vielfalt der damit geregelten Beziehungen ist es zweckmäßig, die wichtigsten Institutionen des Betriebsverfassungsgesetzes, die entsprechende Mitbestimmungs- und Mitwirkungsrechte haben, kurz darzustellen.

(1) *Der Betriebsrat* (§§ 7ff., 21ff., 26ff. BetrVG)

Der Betriebsrat wird für jeweils drei Jahre von der Betriebsversammlung aller Arbeitnehmer gewählt. Er ist weisungsunabhängig und handelt in Eigenverantwortung. Die Zahl der Mitglieder des Betriebsrates ist abhängig von der Beschäftigtenzahl des Betriebs. Der Betriebsrat wählt sich aus seiner Mitte einen Vorsitzenden und dessen Stellvertreter. Deren Aufgaben und Befugnisse kraft Gesetzes sind: Vertretung des Betriebsrates, Entgegennahme von Erklärungen, Mitgliedschaft im Betriebsausschuß, Leitung der Betriebsratssitzungen, Leitung der Betriebsversammlung. Bei weniger als neun Mitgliedern im Betriebsrat können dem Vorsitzenden auch die Führung der laufenden Geschäfte des Betriebsrats aufgetragen werden. Besteht der Betriebsrat aus mehr als neun Mitgliedern, so wird ein Betriebsausschuß gebildet, der die laufenden Geschäfte des Betriebsrats erledigt. Der Betriebsausschuß besteht aus dem Betriebsratsvorsitzenden, dessen Stellvertreter sowie aus drei bis zu neun weiteren Mitgliedern. Dem Betriebsausschuß können vom Betriebsrat zusätzliche Aufgaben zur selbständigen Erledigung übertragen werden. Ist ein Betriebsausschuß gebildet worden, so kann der Betriebsrat weitere Ausschüsse bilden, die entweder rein beratende Funktionen ausüben, oder aber auch Aufgaben zur selbständigen Erledigung übertragen bekommen. Ebenso besteht die Möglichkeit, gemeinsame Ausschüsse zu bilden, die sowohl mit Vertretern des Arbeitgebers wie auch mit Vertretern des Betriebsrates besetzt sind.

(2) *Der Gesamtbetriebsrat* (§§ 47ff. BetrVG)

Bestehen in einem Unternehmen mehrere Betriebsräte, so wird kraft Gesetzes ein Gesamtbetriebsrat gebildet. Jeder Betriebsrat entsendet von jeder Gruppe ein Mitglied in den Gesamtbetriebsrat, wobei dessen Stimme entsprechend der Zahl der durch ihn repräsentierten Arbeitnehmer gewichtet wird. Sämtliche Vorschriften beim Betriebsrat bezüglich Vorsitz, Geschäftsführung und Ausschußbildung gelten entsprechend für den Gesamtbetriebsrat. Das Verhältnis zwischen Betriebsrat und Gesamtbetriebsrat ist weder ein Über- noch ein Unterordnungsverhältnis. Es ist vielmehr durch ein kompetenzmäßig abgegrenztes Nebeneinander gekennzeichnet. Der Gesamtbetriebsrat ist demnach zuständig für Angelegenheiten, die das ganze Unternehmen betreffen und von einem einzelnen Betriebsrat nicht bewältigt werden können [18, Anm. 85].

(3) *Der Konzernbetriebsrat* (§§ 54ff. BetrVG)

Für den Konzernbetriebsrat gilt das zum Gesamtbetriebsrat Gesagte in entsprechender Weise mit einem Unterschied: Die

Bildung eines Konzernbetriebsrats ist lediglich eine Kann-Vorschrift im Gesetz. Er wird auf Antrag dann gebildet, wenn die Gesamtbetriebsräte derjenigen Konzernunternehmen zustimmen, in denen mindestens 75% der Arbeitnehmer des Gesamt-Konzerns beschäftigt sind.

(4) *Der Wirtschaftsausschuß* (§§ 106ff. BetrVG)

Der Betriebsrat bestimmt die drei bis sieben Mitglieder des Wirtschaftsausschusses. Die Aufgaben sind Beratung mit dem Unternehmer und Information des Betriebsrats. Innerhalb eines Unternehmens existiert immer nur ein Wirtschaftsausschuß, gleichgültig wieviele Betriebsräte es gibt. Der Wirtschaftsausschuß ist kein Träger echter Mitbestimmung, sondern er nimmt lediglich Beratungs- und Informationsaufgaben wahr. Der Unternehmer hat den Wirtschaftsausschuß über wirtschaftliche Angelegenheiten und mögliche Auswirkungen auf die Personalplanung zu informieren. Existiert ein Gesamtbetriebsrat, so wird in erster Linie dieser durch den Wirtschaftsausschuß informiert. In diesem Fall bestellt auch der Gesamtbetriebsrat die Mitglieder des Wirtschaftsausschusses.

(5) *Die Einigungsstelle* (§ 76 BetrVG)

Die Einigungsstelle wird bei Meinungsverschiedenheiten zwischen Arbeitgeber einerseits, und Betriebsrat bzw. Gesamtbetriebsrat oder Konzernbetriebsrat andererseits eingeschaltet. Betriebsrat und Arbeitgeber bestellen die gleiche Anzahl der Beisitzer. Auf die Person des unparteiischen Vorsitzenden müssen sie sich gemeinsam einigen. Die Einigungsstelle ist von der gesetzlichen Konstruktion her nicht als dauernde Einrichtung vorgesehen, sie soll jeweils nur im Bedarfsfall konstituiert werden.

Wie im alten ist auch im neuen Betriebsverfassungsgesetz zu spüren, daß die Großunternehmung der Industrie mehr oder weniger Leitbild des Gesetzgebers gewesen ist. Verfassungsrecht und Verfassungswirklichkeit sind hier deshalb auch am ehesten deckungsgleich, was für die übrigen Bereiche, insbesondere die Vielzahl der „Betriebe“ und „Unternehmungen“ im Dienstleistungsbereich, nicht in gleicher Weise zutrifft. Aber auch in der Industrie entstehen entsprechende Probleme, wenn neue Organisationsformen entwickelt werden, z. B. in Gestalt der divisionalisierten Großunternehmungen.

2.5.2 Erweiterung der Beziehungsstruktur

Im ersten Kapitel über die Grundlagen zeigten wir das vielfältige personelle Beziehungssystem in der Unternehmungsorganisation auf, das durch Kompetenzbeziehungen, Arbeits- und Kommunikationsbeziehungen gekennzeichnet wurde. Sie waren im wesentlichen auf das Verhältnis Führung und Ausführung gegründet, wie es sich rechtlich aus der umfassenden Weisungs- und Organisationsbefugnis des Arbeitgebers ergibt. Das Betriebsverfassungsgesetz schafft ein weiteres Beziehungssystem, das mit den dem Betriebsrat eingeräumten Wahrnehmungszuständigkeiten verbunden ist. „Das Betriebsverfassungsgesetz ist funktional ausgerichtet auf die Anerkennung, Verstärkung und Absicherung der Rechtspositionen des einzelnen Arbeitnehmers. Es soll ihn im Arbeitsverhältnis und in seiner Stellung im Betrieb die Achtung als Rechtssubjekt gewährleisten. Die Zuständigkeiten, Rechte und Pflichten des Betriebsrats sind an dieser Aufgabe orientiert. Sie sind aber nicht Eigenzuständigkeiten des Betriebsrats oder der Betriebsratsmitglieder, sondern Wahrnehmungszuständigkeiten" [18, Anm. 25].

Gutenberg kennzeichnet den Betriebsrat als Vertreter der Gesamtheit der Betriebsangehörigen im Sinne eines dritten Zentrums betrieblicher Willensbildung neben den Eigentümern der Unternehmung und neben der Unternehmungsleitung [31, S. 17]. Er ist aber kein Führungsorgan, sondern Organ der Belegschaft und sein Amt bezieht sich auf deren Angelegenheiten. „Die Betriebsverfassung ist, da die Arbeitnehmer durch ihren Betriebsrat stets nur ‚mit einer Stimme sprechen' können, bipolar aufgebaut. Sie ändert die grundsätzliche Funktionsteilung zwischen Arbeitgeber und Arbeitnehmer nicht und verändert die arbeitsvertragliche Grundbeziehung auch nicht in den vom Betriebsverfassungsgesetz erfaßten Bereichen. Gegenstand der Betriebsverfassung ist die mittelbare (durch Unterrichtung, Auskünfte usw. ermöglichte Anhörung und Mitberatung) oder unmittelbare (Betriebsvereinbarung, Regelungsabrede) Beteiligung der Arbeitnehmer an der Gestaltung der Arbeitsbedingungen ... Die Gestaltung der Arbeitsbedingungen ist nach dem Gesetz vornehmlich Sache des Arbeitgebers und des Betriebsrats" [18, Anm. 83].

Im vierten Teil des Betriebsverfassungsgesetzes, der mit Mitwirkung und Mitbestimmung der Arbeitnehmer überschrieben ist, sind im einzelnen die Rechte und Pflichten aufgezählt, die der Betriebsrat als Organ der Belegschaft in personellen, sozialen und wirtschaftlichen Angelegenheiten besitzt, ebenso die Formen, in denen er seine Wahrnehmungszuständigkeiten ausüben kann. Die betriebsverfassungsrechtlichen Mitwirkungs- und Mitbestimmungstatbestände führen zu einer neuen formalen Beziehungsstruktur zwischen der Geschäftsführung und einer weiteren Zahl von Instanzen, insbesondere im Personalwesen. Daneben besteht ein eigenes Beziehungssystem innerhalb der Betriebsratsorganisation sowie zur Belegschaft und zu den Gewerkschaften. Es sei hingewiesen auf die im vorigen Abschnitt kurz dargestellten organisatorischen Formen von Betriebsrat, Betriebsausschuß, Gesamtbetriebsrat, Konzernbetriebsrat, Wirtschaftsausschuß und Einigungsstelle. Sie wären zu ergänzen um die Betriebsversammlung (§ 42ff.) und die Jugendvertretung (§ 86). Die Betriebsversammlung hat jedoch keine Entscheidungs- noch Vertretungs- oder Kontrollaufgaben. Sie hat aber bestimmte Kompetenzen für die Wahl des Wahlvorstandes (§ 17) und verschiedene Anhörungsrechte. Wenn auch die Jugendvertretung als Organ der jugendlichen Arbeiter angesehen werden kann, ist sie jedoch keine reine Interessenvertretung, die zu rechtlichen Regelungen irgendwelcher Art zuständig wäre. Diese Zuständigkeit liegt ausschließlich beim Betriebsrat.

Im Verhältnis zu den Gewerkschaften ist festzustellen, daß die im Betriebsverfassungsgesetz verankerten Mitbestimmungs- und Mitwirkungsaufgaben ausschließlich dem Betriebsrat zugewiesen sind. Die Gewerkschaften können sie nicht an sich ziehen oder auch durch tarifvertragliche Regelungen beeinflussen. Dagegen haben die Gewerkschaften spezifische Einwirkungsmöglichkeiten, z. B. dadurch, daß sie über Tarifverträge betriebliche und betriebsverfassungsrechtliche Fragen ordnen.

Ein Spezialproblem ist die von den Gewerkschaften seit einiger Zeit in den Betrieben aufgebaute Vertrauensmänner-Organisation. Es handelt sich um Gewerkschaftsmitglieder, die die Forderungen der Gewerkschaften unmittelbar unterstützen sollen.

Im Abschnitt über die Unternehmungsorganisation als personelles Beziehungssystem wurde ausgeführt, daß wir in der Praxis meist auf ein hierarchisches Beziehungssystem stoßen, das natürlich nicht mit autoritärer Führung gleichzusetzen ist. Dementsprechend ist auch die Betriebsratsorganisation ein hierarchisches System, das in einem gewissen Sinne die Beziehungsstruktur der Unternehmungsorganisation überlagert. Es ist aber dadurch aufgelockert, daß es kein Beziehungssystem zwischen Vorgesetzten und Untergebenen gibt, sondern eine hierarchisch angeordnete Gruppenstruktur, bei der jede Gruppe durch einen Vorsitzenden vertreten wird.

2.5.3 Arbeitgeber-/Arbeitnehmerbeziehungen – ein Kommunikationsproblem

Das Betriebsverfassungsgesetz ist für die deutsche Sozialpolitik das Ergebnis einer mehr als hundertjährigen Entwicklung der Arbeitgeber- und Arbeitnehmerbeziehungen. In seiner Untersuchung über die deutsche Betriebsverfassung und ihre Sozialformen bis zur Mitbestimmung definiert *Otto Neuloh* Betriebsverfassung im soziologischen Sinne als „die von inner- und außerbetrieblichen Faktoren beeinflußte Sozialordnung eines Betriebs, für deren Gestaltung die institutionellen Formen und sozioklimatischen Auswirkungen der betrieblichen Willensbildung von entscheidender Bedeutung sind" [70, S. 35]. Bei der betrieblichen Willensbildung im Beziehungsverhältnis zwischen Unternehmungsführung und Belegschaft unterscheidet er zwischen den beiden Grundformen der einseitigen und zweiseitigen Betriebsverfassung. „In einer einseitigen Betriebsverfassung sind entweder die Ausführenden und ihre Vertretung von der betrieblichen Willensbildung, als von Entscheidungen jeder Art im technischen, ökonomischen und sozialen Bereich ausgeschlossen (Alleinbestimmung der Leitenden) oder umgekehrt die Leitenden und ihre Vertreter (Selbstbestimmung der Ausführenden). In einer zweiseitigen Betriebsverfassung sind an der Gestaltung des Betriebswillens Leitende und Ausführende oder ihre Vertreter partiell oder total gleichberechtigt beteiligt" [70, S. 43]. In der deutschen Industriegeschichte sind schon frühzeitig Formen einer zweiseitigen Betriebsverfassung entwickelt worden. Mit dem Betriebsverfassungsgesetz hat sie — wie bei vielen sozialpolitischen Institutionen der deutschen Entwicklung entsprechend — die gesetzliche Regelung erhalten.

Wichtigste Grundlage für die betriebliche Willensbildung und die Durchführung getroffener Entscheidungen ist die Übermittlung von Informationen, also die Kommunikation. Sie spielt für die Tätigkeit des Betriebsrats insofern eine besondere Rolle, als seine Mitwirkungs- und Mitbestimmungsrechte höchst differenzierter Art sind. So zeigen auch empirische Untersuchungen, daß sie eines der zentralen Probleme bei der Zusammenarbeit zwischen der Geschäftsführung und dem Betriebsrat ist. Bei Befragungen konnte immer wieder festgestellt werden, daß allgemein über das Maß an oder die Art von Informationen geklagt wurde, „wobei aber nicht klar ersichtlich ist, ob der Arbeitgeber im Sinne des Gesetzes zu wenig oder zu spät informiert oder die Befragten das Gesetz zu sehr strapazieren, indem sie größere Ansprüche an die Bereitschaft des Arbeitgebers stellen, als es das Gesetz zuläßt. Für die letzte Vermutung spricht die Tatsache, daß in manchen Fällen Informationen, die dem Gesetz genügen, dennoch als unzulänglich bezeichnet wurden" [8, S. 121]. Die hier zitierten Untersuchungen wurden Anfang der 60er Jahre durchgeführt. Inzwischen dürften gerade im Hinblick auf die Informationen Verbesserungen erzielt worden sein. Nicht zuletzt sind ja die mit dem neuen Betriebsverfassungsgesetz den Betriebsräten eingeräumten Informationsrechte beachtlich erweitert worden. Von Arbeitgeberseite wird diese Entwicklung teilweise bereits als eine Gefährdung der unternehmerischen Planungs- und Entscheidungskompetenz angesehen.

Die ausreichende Kommunikation im engeren und weiteren Sinne ist eine Voraussetzung für die erfolgreiche Zusammenarbeit von Unternehmensführung und Betriebsrat. Wie für den

Erfolg jeder Organisation gehört dazu Bereitschaft zum kooperativen Verhalten. Gleichzeitig sollten nüchtern die sachlichen Aufgaben gesehen werden, die jeder im Rahmen der Unternehmungsorganisation zu leisten hat und die anzuerkennen sind. Dies gilt für die Möglichkeiten der Zusammenarbeit, aber auch für ihre Grenzen. „Das kooperative Denken und Handeln wird in Zukunft – bei aller Anerkennung des Vorrangs der Führungsentscheidung – sowohl den wirtschaftlichen Erfolg als auch die menschliche Atmosphäre im Betrieb entscheidend mitprägen. In den Führungsbereichen des Unternehmens hat sich ein die Eigenverantwortlichkeit des Mitarbeiters anerkennendes Arbeitsprinzip bereits weitgehend durchgesetzt. Wichtig ist ein zeitgemäßer Arbeitsstil auch im Verhältnis von Unternehmensleitung zur Belegschaftsvertretung, das naturgemäß Spannungen und Interessenkonflikte enthält" [127, S. 305].

Empirische Untersuchungen über die Tätigkeit und Formen der Betriebsratsorganisation haben noch einen anderen Aspekt in der Kommunikationsstruktur verdeutlicht, der für die personelle Unternehmungsorganisation zu beachten ist. Danach hat sich die Organisation des Betriebsrats als eine Art Nebenhierarchie erwiesen, die eventuelle Schwächen des Instanzenweges korrigieren kann. „In extremen Fällen, in denen eine Schicht von autoritären Vorgesetzten den Kommunikationsweg blockiert, gehen sogar fast alle Informationen von unten nach oben über den Betriebsrat. Dies ist natürlich besonders mit Rücksicht auf die Beschwerderechte der unteren Ebenen der Betriebshierarchie ein positives Phänomen. Gleichzeitig wird allerdings eine Form des Kommunikationssystems gefördert und institutionalisiert, in der hierarchische Ebenen übersprungen und damit andere Konflikte zwischen Mitarbeitern und übergangenen Vorgesetzten heraufbeschworen werden" [92, S. 54]. Sicher wird es in Zukunft für die Organisationsforschung nützlich sein, bei der gestiegenen Bedeutung der Betriebsratsorganisation diese Beziehungsstrukturen ebenso in die Forschung einzubeziehen, wie es für die herkömmlichen Strukturen gang und gäbe ist.

2.6 Personelle Fragen der Stellvertretung

In Literatur und Praxis wird die Stellvertretung in den Unternehmungen unterschiedlich gesehen und geregelt. Für *Kosiol* ist sie eine Form der Stellenbesetzung im Verteilungszusammenhang des organisatorischen Aufbaus. Sie ist ein Sonderfall der Zeitbesetzung, die er von der Dauerbesetzung einer Stelle unterscheidet. Stellvertretung ist in diesem Sinne keine Daueraufgabe, sondern eine zusätzliche Aufgabe, die der Stellvertreter übernimmt [54, S. 97]. *Gutenberg* sieht die Stellvertretung insbesondere unter dem Aspekt der Unternehmungsführung. Für ihn liegt Stellvertretung dann vor, wenn der Stellvertreter befähigt und berechtigt ist, sachkundig und mit den notwendigen Vollmachten ausgestattet zu handeln und zu entscheiden [31, S. 50]. In der Praxis sind die Formen der Stellvertretung weit vielfältiger, wobei eine einheitliche Begriffsdefinition fehlt.

Höhn unterscheidet zwischen Ersatzmann, Platzhalter und Stellvertreter. Der Ersatzmann ist vor allem bei nur solchen Tätigkeiten anzutreffen, die exakt umrissen werden und durch entsprechend qualifizierte Kräfte schnell übernommen werden können. Beispiele hierfür sind der Schalterbeamte in der Post ebenso wie der Flugkapitän oder auch die Urlaubsvertretung eines Arztes. Die Bezeichnung ist allerdings geläufiger bei nur ausführenden Tätigkeiten in den Unternehmungen, z. B. der Ersatzmann am Fließband, der sogenannte Springer, oder die Ersatzkraft im zentralen Schreibbüro [45]. Ersatzmann und Platzhalter unterscheiden sich nach *Höhn* vom Stellvertreter dadurch, daß sie nicht im Namen und nach den Vorstellungen der zu Vertretenden handeln. Der Ersatzmann ist für die Dauer seiner Tätigkeit selbst Stelleninhaber. Der Platzhalter handelt auch nicht im Namen des Stelleninhabers, sondern entscheidet nur darüber, wer bei anstehenden Entscheidungen anzusprechen ist, oder ob bis zur Rückkehr des Stelleninhabers gewartet werden kann. Ein Beispiel für diese Position ist die Chefsekretärin.

Nach dieser Differenzierung wird verständlich, warum es in der Praxis vielfach keine „echte" Stellvertretung gibt, in der also jemand eindeutig benannt ist, der bei Abwesenheit des Stelleninhabers ihn in seinen Aufgaben und nach seinen Vorstellungen vertritt. Nachstehend soll aber nur diese Form der Stellvertretung erörtert werden. Es sind im wesentlichen zwei Gründe, die eine entsprechende organisatorische Maßnahme erfordern.

2.6.1 Stellvertretung als Mittel der Führungskontinuität

Die Stellvertretung ist zwingend zu regeln, wo z. B. aus Gründen der Betriebssicherheit eine Führungsstelle nie unbesetzt sein darf. Im Untertagebetrieb im Bergbau ist in den Dienstanweisungen vom Werksdirektor angefangen über den Betriebsdirektor als Leiter des Untertagebetriebes, den Betriebsinspektor unter Tage, den Betriebsführer, Obersteiger, Reviersteiger bis zum Schichtsteiger genau festgelegt, wer wen zu vertreten hat, wenn der jeweilige Vorgesetzte ausfällt. Genaue Regelungen sind auch überall da notwendig, wo häufig Entscheidungen zu treffen sind, wie bei vielen Dienstleistungsbetrieben mit unmittelbarem Kundenkontakt. Die Stellvertretung ist ferner erforderlich, wenn der Stelleninhaber häufig auswärts tätig ist. Darüber hinaus kann das Unternehmen generell daran interessiert sein, daß die Kontinuität der Führung eines Ressorts oder einer Abteilung durch einen Stellvertreter gewährleistet ist.

Führungskräfte in den oberen Unternehmensstufen haben häufig bestimmte Schwerpunkte in ihrer Arbeit. Wenn z. B. vom Leiter des Absatzbereiches erwartet wird, die Entwicklung der Zukunft aufzuspüren, muß er eine gehörige Portion Phantasie besitzen und mit seinen Gedanken mehr im Morgen als im Heute zu Hause sein. Es ist dann eine organisatorisch zweckmäßige Lösung, ihm einen Stellvertreter beizugeben, der das Routinegeschäft betreibt. Hier hat die Stellvertretung eine Art Komplementärfunktion zur Führung des Vorgesetzten. Zur Gewährleistung der Führungskontinuität sind auch die Fälle von Stellvertretung zu rechnen, in denen der Stelleninhaber entlastet werden soll. Das geschieht bei Erkrankungen, die nicht zur Arbeitsunfähigkeit führen, aber auch in Fällen rein quantitativer Überlastung. Ist sie nachhaltig, sind andere organisatorische Maßnahmen zweckmäßiger, aber aus personellen Gründen nicht immer realisierbar.

2.6.2 Stellvertretung als Mittel der Personalentwicklung

Die Unternehmen können ihren Personalbedarf decken, indem sie die benötigten Mitarbeiter von außen beschaffen. Sie können sie auch aus dem eigenen Mitarbeiterstamm nehmen. In vielen Fällen können Führungskräfte aus Gründen der erforderlichen Spezialkenntnisse oft nur aus dem eigenen Unternehmen entwickelt werden. In Zeiten der Personalknappheit ist es für viele Unternehmen ein Zwang, sich die erforderlichen Kräfte aus dem eigenen Betriebe zu beschaffen. Die Stellvertretung kann dann in mehrfacher Weise Teil der innerbetrieblichen Weiterbildung von Führungskräften sein.

Die Aus- und Weiterbildung der Mitarbeiter am Arbeitsplatz ist eine weithin übliche Methode der innerbetrieblichen Ausbildung. Die Stellvertretung bietet eine gute Möglichkeit, dies für angehende Führungskräfte zu praktizieren. Für sie bietet sich damit eine Gelegenheit, sich mit den Führungsaufgaben vertraut zu machen, ohne bereits für Führungsentscheidungen generell verantwortlich zu sein. In der Praxis ist diese Form der Ausbildung oft identisch mit der Tätigkeit des Assistenten. Im Bereich des Handels ist sie in der Position des Substituten zu finden. Es muß allerdings gesehen werden, daß der Erfolg dieser gelenkten Erfahrungsvermittlung davon abhängig ist, wie der jeweilige Vorgesetzte sich gegenüber dem in Ausbildung befindlichen Stellvertreter verhält. Wesentlich ist, daß der Ausbildungsaspekt bei einer solchen stellvertretenden Tätigkeit nicht verlorengeht, etwa dadurch, daß der Stellvertreter ganz in der Routinearbeit der Abteilung aufgeht und damit keine Zeit mehr für seine eigentliche Fortbildung hat.

In einem amerikanischen Unternehmen [101, S. 82] wurden zur Fortbildung von Führungskräften durch Tätigkeit als Stellvertreter folgende vier Verfahren praktiziert:

— Der Stellvertreter wird von Zeit zu Zeit angehalten, über ihm vorgelegte Fälle seine Gedanken zu äußern.

- Er wird aufgefordert, sich nähere Angaben zu beschaffen und zu einem kritischen Urteil zu kommen.
- Der Stellvertreter soll sich bemühen, die Mitarbeiter der Abteilung kennenzulernen, ohne daß er seine Position unnötig herauskehrt.
- Er soll die Abteilung von Zeit zu Zeit gegenüber den nächsthöheren Vorgesetzten oder der Betriebsleitung vertreten.

Wenn der Stellvertreter im Rahmen eines systematisch durchgeführten Personalentwicklungsprogramms tätig ist, spielt die Frage, ob er möglicher Nachfolger des zu Vertretenden ist, grundsätzlich keine Rolle. Das ist anders, wenn der Vorgesetzte in absehbarer Zeit ausscheidet und ein Nachfolger rechtzeitig eingearbeitet werden soll. Ein textil- und metallverarbeitender Spezialbetrieb mit etwa 300 Beschäftigten suchte z. B. für seinen Betriebschef einen Nachfolger. Das geschah in der Weise, daß der Nachfolger zunächst Stellvertreter wurde mit der Auflage, daß er nach Bewährung die Führung der Firma übernimmt. In solchen Fällen muß die Tätigkeit des Nachfolgers eindeutig geregelt und praktiziert werden. Es darf nicht passieren, daß der erkrankte Firmeninhaber einen Stellvertreter mit allen Vollmachten bestellte, daß er es aber mehr oder weniger nicht wahrhaben wollte, als er gesund wurde und die Zügel wieder fest in die Hand nahm.

2.6.3 Formelle Organisation der Stellvertretung

Für die mit der Stellvertretung verfolgten Absichten ist nicht unwichtig, welche formelle Ordnung getroffen wird. Die Vielzahl der Regelungen für die Vertretung läßt sich auf zwei Grundformen zurückführen, die Abwesenheitsvertretung und ständige Stellvertretung.

2.6.3.1 *Stellvertretung bei Abwesenheit des Stelleninhabers*

In einer mehrstufigen Unternehmungsorganisation kann die Stellvertretung eines Abteilungsleiters derart festgelegt werden, daß sie der jeweilige Vorgesetzte wahrnimmt. In einer mehrköpfigen Geschäftsführung hat sich z. B. der für den Verkauf verantwortliche Geschäftsführer die Vertretung eines bestimmten Abteilungsbereiches, z. B. des Marketingbereiches, vorbehalten, weil er in diesen Fragen besonders bewandert ist. Verhältnismäßig häufig ist die gleichrangige Vertretung anzutreffen. Sie ist vielfach bei der mehrköpfigen Geschäftsführung zu finden, aber auch auf allen anderen Stufen des Führungsaufbaus. Bei der Abwesenheitsvertretung durch nachgeordnete Mitarbeiter kann die Auswahl zu Schwierigkeiten führen, wenn z. B. mehrere gleichwertige Vertreter vorhanden sind. In solchen Fällen gibt es die Praxis der geteilten Vertretung; die Vertretung einer Hauptabteilung wird z. B. auf mehrere nachgeordnete Abteilungsleiter übertragen.

Im Rahmen seiner Führungsverantwortung hat jeder Vorgesetzte dafür zu sorgen, daß die ihm übertragenen Aufgaben zweckmäßig auf die unterstellten Dienststellen oder Mitarbeiter aufgeteilt sind. Dazu gehört, daß er für eine Regelung sorgt, wenn ein ihm unterstellter Abteilungsleiter oder Mitarbeiter ausfällt. Ist sie unterblieben, muß er selbst einspringen. Im Bergbau, wo es aus Sicherheitsgründen nie eine Vakanz geben darf, ist dieser allgemeine Grundsatz für den Vorgesetzten unmittelbar im Berggesetz verankert. In den allgemeinen Aufgaben und Befugnissen der nach § 74 des Allgemeinen Berggesetzes bestellten Aufsichtsperson heißt es für alle, daß „jede Aufsichtsperson selbst die Aufgaben nach dem Geschäftskreis eines Untergebenen wahrzunehmen hat, wenn dieser an der Erfüllung seiner Aufgaben gehindert und andere Aufsichtspersonen nicht zur Vertretung schriftlich bestellt sind“. Der Vorgesetzte hat hier eine gewisse „Feuerwehr-Funktion“, wenn die Stellvertretung, gleich aus welchen Gründen, nicht funktioniert.

2.6.3.2 *Der ständige Stellvertreter*

Neben der Stellvertretung bei Abwesenheit kennt die Praxis den ständigen Stellvertreter. Er übt, dem Namen entsprechend, die Funktion auch bei Anwesenheit des Stelleninhabers aus. Seine Position ist in der Praxis wie im Schrifttum vielfach umstritten. Seine Tätigkeit kann von der „unglücklichen Figur“ bis zum „de-facto-Chef“ reichen. Nach *Höhn* sollte es der „befähigte zweite Mann“ oder besser der „erste Mann an zweiter Stelle“

sein [46, S. 151]. Die Stellung des ständigen Stellvertreters ist desto stärker, je mehr sich der Stelleninhaber von seiner Tätigkeit zurückzieht. Das kann bewußt geschehen. Andererseits gibt es die Fälle, wo der Stelleninhaber von seinem ständigen Stellvertreter fachlich mehr oder weniger überflügelt wird. Das ist z. B. leicht der Fall, wenn der Stelleninhaber durch Teilnahme an Ausschußsitzungen und Kongressen zu wenig anwesend ist. Eine ständige Stellvertretung kann aber auch die Übernahme der Position des in absehbarer Zeit ausscheidenden Vorgesetzten einleiten. In der Praxis finden wir ständige Stellvertretungen zuweilen in der Position des Assistenten. In einer mittelgroßen Brauerei mit Malzfabrik hatte z. B. der Verkaufsprokurist einen Assistenten zu seiner Unterstützung und ständigen Stellvertretung. In Kaufhäusern gibt es die Substituten als Stellvertreter der Abteilungsleiter mit klar fixierter Aufgabe und mit entsprechender Verantwortung. In der amerikanischen Unternehmungsorganisation begegnet uns der ständige Stellvertreter oft in Gestalt des Assistant Manager. Es gibt dort z. B. den Assistant Vice President in der Konzernspitze ebenso wie den Assistant Plant Controller in einem Konzernbetrieb. Davon zu unterscheiden ist der Assistant to the Manager. Ihm werden keinerlei Verantwortlichkeiten übertragen im Gegensatz zum Assistant Manager.

In der Aktiengesellschaft gibt es das stellvertretende Vorstandsmitglied, das nicht mit dem besprochenen Stellvertreter verwechselt werden darf. Das Gesetz erklärt lapidar, daß die Vorschriften für die Vorstandsmitglieder auch für die Stellvertreter gelten (§ 94 AktG). In der Praxis haben sie denn auch in der Regel ein festes Aufgabengebiet und sind lediglich intern an eine engere Zusammenarbeit mit einem ordentlichen Vorstandsmitglied gebunden. Oft werden in den Vorstand nachrückende Führungskräfte für die ersten Jahre stellvertretende Vorstandsmitglieder; damit wird dann gleichsam ein gewisser Status innerhalb des Vorstands nach außen dokumentiert.

Die Praxis kennt noch den Sonderfall, daß kein ständiger Vertreter für eine Position besteht, sondern eine oder mehrere Kräfte bei Vakanzen für die Stellvertretung zur Verfügung stehen, als eine Art „ständiger Stellvertreter auf Abruf". Auf das Beispiel des Springers als Ersatzmann wurde bereits hingewiesen. Ein solches „Springersystem" als organisierte Stellvertretung beim Ausfall von Aufgabenträgern [54, S. 97] ist auch für jede andere Stellvertretung denkbar. *Höhn* weist aber auf die hiermit verbundenen Probleme der fehlenden dauerhaften Einordnung in die Hierarchie, den problematischen Status einer solchen Position hin, weshalb er für eine solche Tätigkeit eine begrenzte Zeit von höchstens vier bis fünf Jahren fordert.

2.6.4 Aufgaben, Verantwortung und Kompetenzen des Stellvertreters

Die Ausführungen über den Stellvertreter in den unterschiedlichen Erscheinungsformen haben gezeigt, daß die Fragen der Aufgaben- und Verantwortungsabgrenzung sehr differenziert sein können. Nun ist es einer der wichtigsten Organisationsgrundsätze, daß Aufgaben, Verantwortung und Kompetenz einer Instanz stets einander entsprechen sollen. Die mit der Leitung einer Stelle übertragenen Aufgaben schließen eine entsprechende Verantwortung ein, die ihrerseits die entsprechenden Anordnungsbefugnisse bedingen, wenn die Kongruenz der Führung gewahrt sein soll. Im abgewandelten Sinne gilt das auch für die Stellvertretung, bei der grundsätzlich drei Regelungen zu unterscheiden sind.

(1) Bei einer Stellvertretung im Rahmen der Führungsausbildung ist es normalerweise angebracht, seine Tätigkeit mehr als eine Stabsstelle zu sehen, die bestimmte Beratungs- und Überwachungsaufgaben haben kann, aber keinerlei Anordnungsbefugnisse besitzt. Je nach der Persönlichkeit kann das fehlende Anordnungsrecht durch die „funktionale Autorität" des Stellvertreters ersetzt werden.

(2) Dort, wo der Stellvertreter für die Abwesenheit des Stelleninhabers bestimmt wird, kommt es oft vor, daß der Stellvertreter nur Kompetenzen für die laufenden Arbeiten erhält, dagegen nicht für Arbeiten langfristigen oder grundsätzlichen Charakters, wenn es z. B. um Vertretung oberer Führungskräfte geht. Dem Stellvertreter des Finanzleiters wird z. B. nicht die

Aufstellung des nächsten jährlichen Finanzplans übertragen oder die Aufstellung der Bilanz.

Beschränkungen in der Kompetenz des Stellvertreters können ferner darin bestehen, daß er bei bestimmten Entscheidungen die Unterschrift eines anderen, dem Stelleninhaber ranggleichen oder vorgesetzten Chefs einholen muß. Ein praktischer Fall aus dem Alltag sind z. B. Dienstreisen, die der Abteilungsleiter genehmigen muß und wofür dem Stellvertreter nicht die Vollmacht gegeben wird. Begrenzte Kompetenzen kann nicht nur der auf Zeit bestellte, sondern auch der ständige Stellvertreter haben. Er kann z. B. nur berechtigt sein, bei den laufenden Routinearbeiten Entscheidungen zu treffen. Der ständige Stellvertreter in Gestalt des amerikanischen Assistant Managers hat oft Funktionen, die als operative Führungsfunktionen zu kennzeichnen sind; demgegenüber sind die Führungsaufgaben des Managers in erster Linie Planungs- und Koordinierungsaufgaben.

(3) Bestimmungen, daß der Stellvertreter keinerlei Beschränkungen hinsichtlich seiner Anordnungsbefugnisse hat, gibt es oft beim ständigen Stellvertreter, z. B. beim stellvertretenden Chefredakteur einer Zeitung. Er hat Anweisungsrecht gegenüber den nachgeordneten Redakteuren, allerdings intern in der Weise begrenzt, daß er sich mit dem Hauptredakteur über die Gesamtlinie seiner Aufgabe abstimmt. Der Stellvertreter bei Abwesenheit des Stelleninhabers hat überall da eine unbeschränkte Kompetenz, wo aus Sicherheitsgründen – wie z. B. im Bergbau – eine Vorgesetzten-Position niemals unbesetzt sein darf. Je größer die Kompetenz des Stellvertreters ist, desto wichtiger sind die qualitativen Anforderungen an ihn. Ebenso wichtig ist die Verantwortung für die Bestellung des Stellvertreters. Es ist für die Unternehmung sehr nachteilig, wenn ein Stellvertreter mit voller Verantwortung und Kompetenz für die Aufgaben des Stelleninhabers fachlich und in der Personalführung unzureichend ist.

2.6.5 Zusammenwirken von Stelleninhaber und Stellvertreter

Die Probleme der Stellvertretung sind nicht nur Probleme der formalen organisatorischen Ordnung, sondern sind in hohem Maße durch die menschlichen Fragen bestimmt, die sich aus dem besonderen „Paar-Verhältnis" Stelleninhaber und Stellvertreter ergeben. Das mag an einigen Beispielen erläutert sein. Bei der Stellvertretung für die Abwesenheit des Stelleninhabers hat dieser oft Sorge, daß zuviel Einblick genommen wird in seine „unmittelbaren persönlichen" Arbeitsverhältnisse, was auf eine gewisse Unsicherheit zurückgeführt werden kann. Es gibt auch den Fall, daß der Vorgesetzte – z. B. in der Buchhaltung – den Stellvertreter scheut, weil er nicht ganz korrekte Vorgänge zu verheimlichen hat. Es gibt diese Situation manchmal bei Einkaufsabteilungen im Hinblick auf die „kleinen Aufmerksamkeiten" des Lieferanten. Eine andere Sorge des Stelleninhabers ist darin begründet, daß er im Stellvertreter bereits seinen Nachfolger sieht, der darauf wartet, ihn endgültig zu ersetzen. Das führt oft zu unerträglichen persönlichen Spannungen. Der Urlaub des Stelleninhabers kann dann statt Erholung zu einer Qual werden.

Solche Einstellungen führen unter Umständen dazu, daß sich der Stellvertreter bewußt nur auf das Notwendigste beschränkt, weil er keine Lust hat, ständig in den Verdacht zu geraten, die Abwesenheit des Stelleninhabers für unlautere Ziele auszunutzen. Diese Spannungen sind auf allen Stufen der Unternehmenshierarchie anzutreffen. Problematisch sind auch Fälle der Stellvertretung, wenn der Vorgesetzte z. B. die Stellvertretung übernimmt, um für einige Zeit wieder einmal „an der Front" tätig zu sein, oder die Tätigkeit des Vertretenen unmittelbar kennenlernen will. Eine nicht unwichtige Frage bei der Stellvertretung ist das Alter, und zwar vor allem dann, wenn kein großer Unterschied zwischen dem Alter des Stelleninhabers und dem seines Vertreters besteht. Gehören beide zu den älteren Jahrgängen, ist die Gefahr der Rivalität gegeben. Der Stellvertreter kann sich z. B. ungerecht behandelt fühlen, weil er selbst nicht die zu vertretende Position einnimmt. Gehören beide zu den jüngeren Jahrgängen, wird der Stellvertreter immer wieder daran erinnert, daß sein Vorgesetzter z. B. noch 15 oder 20 Jahre bis zur Pensionierung vor sich hat, so daß eine Nachfolge für ihn normalerweise nicht in Frage kommt, es sei denn, er wechselt die Position.

2.6.6 Notwendigkeit klarer Regelungen der Stellvertretung

Bei der Stellvertretung ist der mehrfach erwähnte Grundsatz zu beachten, daß Aufgabe, Verantwortung und Kompetenz jedes Mitarbeiters einander entsprechen müssen. Sie bilden eine untrennbare Einheit. Ihre schriftliche Festlegung ist unabhängig davon, ob Stellenbeschreibungen vorhanden sind oder nicht. Im Grundsatz aber dürfte es sich empfehlen, schriftliche Richtlinien und Stellenbeschreibungen möglichst für alle Funktionen in der Unternehmung zu veranlassen. Der Wert einer solchen Arbeit liegt nicht nur darin, daß die Mitarbeiter genau wissen, was sie zu tun haben; es ist für die Unternehmung der Vorteil damit verbunden, daß ihr ganzes Funktionsgebäude transparent wird.

Die schriftliche Regelung der Stellvertretung bringt nützliche Zwänge mit sich: sie zwingt z. B. dazu, sich Rechenschaft abzulegen, aus welchem Grunde der Stellvertreter benötigt wird und welche Aufgaben und Kompetenzen er haben soll. Sie fordert auf, sich darüber zu vergewissern, ob der Stellvertreter die erforderlichen fachlichen Voraussetzungen ebenso wie die gegebenenfalls erforderlichen Führungsqualitäten besitzt. Nicht zu vergessen sind die menschlichen Qualitäten, die für den Stellvertreter besonders wichtig sind.

Mit der schriftlichen Fixierung kann auch die Frage gelöst werden, wer für die Regelung der Stellvertretung verantwortlich ist: der einzelne Vorgesetzte oder die Unternehmensleitung. Sicher ist es nicht immer richtig, daß der Leiter einer Abteilung allein von sich aus den Stellvertreter bestimmt. Umgekehrt wird es ebensowenig zweckmäßig sein, einen Stellvertreter gegen den Willen des Vertretenen zu bestimmen. Hier kommt es auf die sinnvolle Zusammenarbeit von Geschäftsführung, Organisationsabteilung und die einzelnen Führungskräfte an. Die schriftlich geregelte Stellvertretung veranlaßt ferner zu prüfen, wie die Information des Stelleninhabers zu organisieren ist. In der Praxis ist immer wieder festzustellen, daß der Stellvertreter im Sinne seiner Aufgabe nicht genügend unterrichtet ist. Das geht sowohl an die Adresse des Stelleninhabers als auch an die der Unternehmensführung. Von der Unterrichtung des Stellvertreters hängt es nicht zuletzt ab, wie wirksam seine Tätigkeit ist. Bei manchen Führungskräften ist die Neigung vorhanden, sich unentbehrlich zu machen. Sie haben dann oft keine große Neigung, ihren Stellvertreter hinreichend zu informieren. Wie in allen organisatorischen Fragen kommt es auch bei der Stellvertretung immer auf das richtige Maß der zu treffenden Regelungen an. Das Prinzip der Stellvertretung darf nicht zum Selbstzweck werden, sondern muß auf die jeweiligen Verhältnisse angepaßt sein.

2.7 Formelle und informelle Unternehmungsorganisation

Die Ausführungen über die Praxis der Unternehmungsorganisation gingen von den Regelungen aus, wie sie teilweise der Gesetzgeber, meistens aber die Geschäftsführung für die organisatorische Gestaltung festgelegt hat. Im Sinne der vorliegenden Arbeit wurden die damit verbundenen personellen Probleme, insbesondere unter dem Aspekt der Unternehmungsführung, behandelt. Aus der Praxis der Unternehmungen weiß jeder, daß nicht alles so abläuft, wie es geregelt ist. Die Mitarbeiter einer Unternehmung benutzen z. B. andere Verkehrswege als die vorgeschriebenen, um vielleicht schneller zum gewünschten Ergebnis zu kommen. Es gibt Freundschaften oder Feindschaften, die sich auf die Beziehungsstruktur auswirken. Die Soziologie hat diesen Bereich, der nicht durch die formelle Ordnung bestimmt wird, eingehend analysiert und ihn als informelle Organisation bewußt gemacht. Sie ist durch die vielfältigen Beziehungen zwischen den Menschen gekennzeichnet, die neben den formellen Strukturen bestehen, also „derjenige Komplex von — formell unbeabsichtigten — sozialen Abläufen und Phänomenen im Betrieb, die entstehen, weil die Mitglieder des Betriebs typisch soziale Wesen sind und sich auch im Betrieb als soziale Wesen verhalten, mitbestimmt durch ihre Herkunft, ihre außerbetrieblich erlernten sozialen Gewohnheiten und Sitten, Traditionen, Wünsche und Erwartungen“ [65, S. 43].

Diese Vielzahl von Beziehungen ist das Ergebnis zwischenmenschlicher Vorgänge, die sich nach *Leopold von Wiese* auf zwei Grundarten zurückführen lassen, auf soziale Prozesse des Zu- und Auseinander. Jeder soziale Prozeß wiederum ist das Mischerzeugnis aus persönlichen und sachlichen Gegebenheiten [122, S. 151ff.]. Die informellen persönlichen Beziehungen und Gruppen können die Unternehmungsaufgabe unterstützen oder ihr entgegenwirken. Aus diesen wenigen Ausführungen wird gleichzeitig deutlich, daß sich die informelle Organisation nicht als geschlossenes System darstellen läßt. Sie ist ein Beziehungssystem, das aus sehr verschiedenen und sich wandelnden sozialen Prozessen besteht. Ebenso müssen wir sehen, daß sich die informelle Organisation nie als eine eigenständige Ordnung begreifen läßt. Man kann sie nur erklären, wenn man sowohl ihre Bedingtheit durch – wie ihre Rücksicht auf – die formelle Organisation erfaßt [65, S. 44]. Ihre Entstehung ist letzten Endes immer ein Akt der Spontaneität der Beteiligten. Wie die Erfahrung zeigt, lösen sich Gruppen dieser Art unmerklich auf, weil die Sympathien erloschen oder die gemeinsamen Interessen geschwunden oder durch andere verdrängt sind, die zu neuen informellen Gruppen führen.

2.7.1 Informelles Kommunikationssystem

Die informelle Kommunikation ist durch eine Weitergabe von Informationen auf informellen Wegen gekennzeichnet. Insofern hängt sie von der formellen Organisation ab, als diese erst die Menschen miteinander in Verbindung bringt und dadurch Kommunikation überhaupt erst möglich macht. „Dabei ist ein Gespräch zwischen zwei beliebigen Betriebsangehörigen meist erst dann als eine informelle Kommunikation zu bezeichnen, wenn Inhalte weitergegeben werden, die der eine Gesprächsteilnehmer vorher von einem Dritten empfangen hat, und die der zweite vielleicht später an einen Vierten weitergeben wird" [65, S. 46].

Die Informationen, die informell weitergegeben werden können, sind sehr verschiedener Art. Der Übergang von formeller und informeller Kommunikation ist fließend, wenn aus Gründen vielfältiger Art z. B. der Dienstweg in der Instanzenhierarchie verlassen und der verkürzte Verkehrsweg gewählt wird. Selbst

Fayol hält dies für vertretbar. Es ist ein Fehler, schreibt er, sich ohne Notwendigkeit vom Wege über die Rangstufen zu entfernen, aber es ist ein noch viel größerer Fehler, ihn noch weiter zu gehen, wenn daraus Schaden für die Unternehmung erwachsen muß [20, S. 30]. In der Behördenpraxis hat sich hierfür der Begriff des „kleinen Dienstweges" eingebürgert. Die Problematik der hier skizzierten Informationswege wird anschaulich durch den „Dienst nach Vorschrift", der, uneingeschränkt realisiert, häufig zu Störungen führt.

Zur informellen Kommunikation, wie sie in der Soziologie verstanden wird, gehören die Formen der Informationsübermittlung, die aus persönlichen Gründen zu Abweichungen vom formellen Ablauf führen. Die persönlichen Gründe können dazu führen, daß bei der Weitergabe von Informationen ein Empfänger ausgespart wird oder zeitlich erst später unterrichtet wird; die Weitergabe der Information kann inhaltlich verändert werden, weil ein Abteilungsleiter z. B. eine ihm aufgetragene Disziplinarmaßnahme abgeschwächt dem Empfänger übermittelt; Empfänger von Informationen können sie unter Umständen mit Absicht liegen lassen oder nur mit einer großen Zeitverzögerung weitergeben. Diese wenigen Beispiele mögen die Vielfalt der informellen Veränderung von Kommunikationsinhalten und Kommunikationswegen andeuten.

Die hauptsächlichen informellen Abänderungseinflüsse auf die formelle Kommunikation machen sich jedoch, wie *Mayntz* mit Recht feststellt, bei der Berichtsübermittlung von unten nach oben geltend. „Die hier auftretenden Prozesse der Verzerrung, Filtrierung, Selektion und Unterschlagung von formell erforderlichen Übermittlungen sind allgemein bekannt. Einfache Mitteilungen, seien sie routinemäßig oder z. B. eine Auskunft auf eine direkte Frage, werden in der Regel noch am wenigsten verzerrt. Da aber die Berichterstattung regelmäßig vom Untergebenen zum Vorgesetzten geht, wird ein Untergebener z. B. Mißstände nur dann berichten, wenn er sie nicht allein in Ordnung bringen kann, wenn er nicht für sie verantwortlich ist oder wenn sie sich nicht verheimlichen lassen, allein aus dem ganz menschlichen Trieb, dem Vorgesetzten nicht selbst den Grund für einen Tadel zu liefern. Durch Summierung dieses Prozesses in ähnlicher Weise über die ganze Linie, über alle Stellen des Berichtsweges hin erhält die Betriebsleitung ein selektives Bild der Vorgänge im Betrieb" [65, S. 46].

2.7.2 Persönliche Beziehungen und Gruppierungen

Das Spektrum der persönlichen Beziehungen ist kaum zu fassen. In seinem System der allgemeinen Soziologie, einer Lehre von den sozialen Prozessen und den sozialen Gebilden der Menschen, versucht *Leopold von Wiese* eine Systematisierung, auf die hier hingewiesen werden kann [122]. In der Unternehmung können persönliche Beziehungen damit beginnen, daß in der Kantine Kontakte entstehen, sich zwei Mitarbeiter gegenseitig sympatisch finden und daraus ein häufigeres Zusammentreffen wird. Ähnliche Kontakte bieten sich während des Arbeitsablaufs oder auf dem Nachhauseweg. Je nach Sympathie oder Antipathie entwickeln sich weitere mehr oder weniger dauerhafte Beziehungen. Sie können recht locker sein, z. B. derart, daß sich die Fußballfreunde montags regelmäßig über die letzten Fußballergebnisse unterhalten; festere Gruppierungen können sich daraus ergeben, daß sich die Interessierten in Schachclubs oder Fotozirkeln zusammenfinden. Informelle Gruppen können sich bilden unter Ranggleichen, z. B. den Prokuristen einer Unternehmung oder den Werkmeistern, den Chefsekretärinnen usw. Nach dem Alter bilden sich oft Gruppen unter jüngeren Mitgliedern. Gruppen können auch auf außerbetriebliche Bindungen zurückgehen wie auf die Zugehörigkeit zu Religionsgemeinschaften, Parteien, Gewerkschaften, Sportvereinen, studentischen Verbindungen u. a.

Informelle Gruppen können ein Faktor der Integration sein. „Der Arbeiter oder Angestellte, der neu in einen Betrieb kommt, wird zwar von den offiziellen Instanzen in seine Aufgaben eingeführt, doch würde diese Anleitung schwerlich ausreichen, wenn informelle Gruppen von Kollegen sie nicht durch Ratschläge und Hinweise ergänzten. Auch für schon im Betrieb Tätige bestimmen oft ihre informellen Gruppen den Grad der Bereitschaft zur Mitarbeit einschließlich der Standards der Qualität und des Umfangs der Arbeitsleistung“ [11, S. 38]. In der Praxis ist immer wieder festzustellen, daß Mitarbeiter eine Unternehmung nicht verlassen, weil sie sich darin besonders wohlfühlen, was nicht zuletzt auf die Zugehörigkeit zu einer oder mehreren informellen Gruppen zurückzuführen ist.

Innerbetriebliche Gruppenbildungen werden als Cliquen bezeichnet, wenn bewußt Ziele und Interessen verfolgt werden, die nicht mit den Zielen der Unternehmung oder eines Bereichs übereinstimmen und deshalb eine Änderung erwünscht wird. Es kann sich auch um die Ablehnung eines Vorgesetzten, z. B. des Leiters einer Abteilung, handeln. Die Abgrenzung solcher Gruppen ist fließend. So kann der Interessengehalt einer Clique auf Erreichung oder Erhaltung bestimmter Vorteile gerichtet sein, was für das Funktionieren der formellen Organisation nicht nachhaltig sein muß, es aber im Einzelfall sein kann [66, S. 66].

Vielfältige soziale Prozesse spielen im übrigen auch in der Beziehungsstruktur der Betriebsratsorganisation eine Rolle. Sie sind einmal aus den vorhin genannten Gründen gegeben; aber auch die Arbeit in der Gruppe des Betriebsrats oder der Ausschüsse sind zusätzliche Anlässe. Hinzu kommen die Einflüsse aufgrund der Zugehörigkeit einzelner Betriebsratsmitglieder zu Gewerkschaften, Parteien, Religionsgemeinschaften oder sonstigen sozialpolitischen Einrichtungen. Sie führen unter Umständen zu Gruppierungen innerhalb der Betriebsratsorganisation, die je nach ihrer Intensität Konflikte verursachen können.

Die Problematik persönlicher Beziehungen und Gruppen ist nicht nur bei den Mitarbeitern, den Führungskräften und beim Betriebsrat gegeben, sondern hat in gleicher Weise Bedeutung für die Führungsspitze. Das gilt vornehmlich dort, wo wir mehrköpfige Führungsorgane haben. Bei den Fragen der Geschäftsführung wurde bereits darauf hingewiesen, wie bedeutsam die Aufgabe des Vorsitzenden oder Sprechers dafür ist, daß im Führungsgremium eine gute Zusammenarbeit gewährleistet ist. Sein persönliches Beziehungsverhältnis zu den Mitgliedern der Geschäftsführung ist dabei besonders wichtig. Das Klima der obersten Führungsgruppe wird natürlich auch von den persönlichen Beziehungen der einzelnen Mitglieder bestimmt. Hier können von außen kommende Einflüsse eine wichtige Rolle spielen, wenn etwa in einer Personengesellschaft das Eigentum auf nur wenige Familienstämme verteilt ist, die ihrerseits Repräsentanten in der Geschäftsführung haben. Bestehen unter Eigentümerfamilien z. B. Spannungen, können sich diese auch auf die persönlichen Beziehungen der Geschäftsführer auswirken. Ein Kapitel besonderer Art bilden die persönlichen Beziehungen außerhalb des Dienstes, wenn z. B. die Familien einiger Geschäftsführer untereinander gesellschaftlichen Kontakt haben. So wird denn in manchen Unternehmungen der Grundsatz vertreten, daß familiäre Kontakte grundsätzlich vermieden oder auf ein Mindestmaß beschränkt werden sollen. Je größer die Führungsgremien sind, können sich aus den verschiedensten Gründen auch Gruppen bilden. Wenn informelle Beziehungen zu Mißhelligkeiten innerhalb des Geschäftsführungsgremiums führen, muß sich jeder vergegenwärtigen, daß solche negativen Spannungen unvermeidlicherweise auch zu den Mitarbeitern dringen.

2.7.3 Sozio-ökonomische Schichtung der Belegschaft

Neben den informellen Gruppen sieht *Dahrendorf* noch in der sozio-ökonomischen Schichtung der Belegschaft ein eigenes System der Über- und Unterordnung neben der geplanten Hierarchie der Kompetenzen. Sie setzt sich aus verschiedenen Elementen zusammen. Eines davon ist die Karriere-Hierarchie. Sie zeigt dem einzelnen seine Chancen und Grenzen in der beruflichen Entwicklung, was zu verbindenden und trennenden Beziehungen führt. Ein anderes wichtiges Element ist die Einkommenspyramide, die häufig Überschneidungen zwischen verschieden eingestuften Gruppen kennt. Daneben tritt als drittes Element die Schichtung nach dem Prestige von Berufen. Hier haben wir die aus der gesellschaftlichen Arbeitsteilung überkommenen verfestigten Strukturen der Wertschätzung einzelner Berufe. Wie bei den informellen Gruppen fungieren auch die sozio-ökonomischen Schichtungslinien als Elemente der Integration, indem sie dem einzelnen einen festen Platz im Rahmen des Ganzen zuordnen. „Wie alle anderen Elemente der betrieblichen Integration können sie jedoch zugleich auch zum Ausgangspunkt von Reibungen und Konflikten werden. Das reibungslose Funktionieren des Sozialsystems Betrieb ist stets prekär; zu jedem Zeitpunkt und unter beliebigen gesellschaftlichen Bedingungen stellt es nur einen Aspekt der betrieblichen Wirklichkeit dar“ [11, S. 43].

2.7.4 Informelle Autorität

So wie es formelle und informelle Beziehungen zwischen den in einer Unternehmung tätigen Menschen gibt, ist eine ähnliche Unterscheidung für die Autorität der Führungskräfte möglich. In der modernen Organisationssoziologie wird differenziert nach der

- mit der Position verbundenen Autorität, der formellen oder objektiven Autorität aufgrund von der Unternehmung erteilter Befugnisse, und der
- mit der Persönlichkeit verbundenen Autorität, die auch als informelle oder subjektive Autorität bezeichnet wird.

Diese Einteilung ist jedem Praktiker gegenwärtig. Sie kennen alle den Unterschied zwischen der Autorität, die jemand aufgrund seiner Stellung hat, und der Autorität, die er sich durch sein persönliches Verhalten und seine persönliche Haltung erwirbt. Aufgrund der formellen Autorität hat jeder Vorgesetzte im Rahmen seiner ihm übertragenen Kompetenzen Anordnungsbefugnisse, denen die ihm unterstellten Mitarbeiter folgen müssen.

Nun gibt es in der täglichen Unternehmungsarbeit Vorgänge, bei denen es nicht genügt, Anordnungen zu erteilen. *Barnard* schrieb einmal, daß in jeder Art von Organisation, welchen Zweck immer sie verfolgt, nicht nur verschiedene Anreize, sondern auch ein gewisses Maß von Überzeugung notwendig ist, um die Mitwirkung der Menschen zu gewinnen und aufrechtzuerhalten. Entsprechende Situationen stellen sich alltäglich ein, wenn z. B. bestimmte Aufträge schnellstens erledigt werden müßten. Oft sagt dann der Vorgesetzte, daß er eigentlich nicht mehr verlangen kann, daß es ihm aber trotzdem sehr erwünscht wäre, wenn die Arbeiten noch am gleichen Tage fertiggestellt werden könnten. Je nach der Wirkung der subjektiven Autorität wird der einzelne Mitarbeiter mehr leisten oder Gründe finden, daß die Arbeiten doch nicht in der vorgesehenen Zeit erledigt werden können. Diese subjektive oder informelle Autorität ist von verschiedenen Faktoren abhängig, z. B. dem Prestige, das der einzelne Vorgesetzte besitzt, oder dem Respekt, den man ihm aufgrund seiner besonderen Fähigkeiten entgegenbringt.

Eine für die Praxis bedeutsame Variante in den Autoritätsbeziehungen ist die von *Heinz Hartmann* herausgestellte „funktionale Autorität". „Funktionale Autorität soll die Chance heißen, aufgrund persönlicher Sachverständigkeit das zukünftige Handeln bzw. die zukünftige Einstellung anderer zu ändern" [35, S. 6]. Nach einer Auseinandersetzung mit den Herrschaftstypen *Max Webers* wird von *Hartmann* besonders hervorgehoben, daß nicht die Sachverständigkeit als solche schon legitimierend wirkt, sondern erst die bewiesene Sachkunde in einem sozialen System, dessen Mitglieder besonderes Wissen und Können für wünschbar halten. „Funktionale Autorität beruht also, genauer gesagt, auf geachteter Sachverständigkeit; wenn der Bewerber um funktionale Autorität sich der Folgeleistung der zu beeinflussenden Partei versichern will, muß er Sachverständigkeit nachweisen" [35, S. 58]. *Hartmann* veranschaulicht am Beispiel einer Gruppe wissenschaftlicher Mitarbeiter in einem Industriebetrieb, wie sich eine informelle Stufung nach Wissen und Können herausgebildet hat. Innerhalb der Unternehmungsorganisation gelten insbesondere Experten aus den Zentralabteilungen und Stabsabteilungen meist als Exponenten funktionaler Autorität. Sie können z. B. als Leiter und Mitarbeiter von Stabsabteilungen an ihren Linienvorgesetzten vorbei durch Anregungen und sachverständige Beratung direkten Einfluß gegenüber anderen Abteilungen ausüben. Solche funktionale Autorität kann sehr labil sein, da sie grundsätzlich stets von Spaltung bedroht ist. Ist sie doch schließlich immer davon abhängig, ob sie durch ihr besonderes Wissen und Können die Autorität beweist.

Hier kann es dann oft zu unerfreulichen Rivalitäten führen, die sich auch auf das Unternehmen auswirken.

Die Leitung solcher Abteilungen, die von ihrer Anlage her eine funktionale Autorität haben können, bedarf daher besonderer Beachtung. Bemerkenswert ist auch der Hinweis, daß die Experten, die eine funktionale Autorität besitzen, außerorganisatorischen Einflüssen unterworfen sein können. Sie unterliegen vielfach den Einflüssen ihrer Fachkollegen auch außerhalb der Unternehmung. Sie bilden dann so etwas wie eine Fachgenossenschaft mit einer Fachloyalität. „Die Fachgenossenschaft wirkt häufig als Stellenbörse; sie vermittelt dem Spezialisten Übersicht über den Arbeitsmarkt und unter Umständen auch Angebote. Darüber hinaus sorgt sie fast regelmäßig für die Verbreitung fachlicher Neuigkeiten und läßt sich gelegentlich wohl auch von einzelnen Mitgliedern konsultieren. Schließlich liegt in ihrer Anerkennung fachlichen Wissens und Könnens ein entscheidender Beitrag zur Legitimierung des Experten und in ihrer Interessenvertretung seiner Belange ein wichtiger Schirm gegen unerwünschte Einflüsse seitens der innerbetrieblichen Vorgesetzten“ [35, S. 104].

2.7.5 Informelles Führungssystem

2.7.5.1 Statussystem

Neben der formellen gibt es eine informelle Führungsorganisation, das Statussystem. Darunter wird die Rolle verstanden, die jemand innerhalb einer Organisation oder Gruppe nach den Wertvorstellungen ihrer Mitglieder spielen soll und darf. Untersuchungen in Großunternehmungen haben gezeigt, daß es hier bestimmte Statussysteme gibt, wie z. B. ein System der Verwaltungsgruppe, das sich von dem der im Fertigungsbetrieb tätigen Mitarbeitergruppen abhebt. In der Industriearbeiterschaft gibt es Statusunterschiede zwischen dem hochqualifizierten Handwerker und dem ungelernten Arbeiter. Solche Wertvorstellungen werden von Wertschätzungen genereller Art gegenüber bestimmten Berufsgruppen in der Gesellschaft beeinflußt. Befragungen zeigen immer wieder, daß bestimmte Berufe, wie der des Professors, Arztes, Fabrikbesitzers, höher bewertet werden als andere Berufe. Für die Praxis der Unternehmungsorganisation bringt das Statusproblem verschiedene Probleme mit sich, die im konkreten Fall zu analysieren sind und dann jeweils nach den Interessen der Unternehmung zu lösen sind.

Die äußeren Kennzeichen des Status, also der Rolle, die z. B. der einzelne Vorgesetzte innerhalb der Unternehmung einnimmt, sind oft bestimmte Privilegien, aber auch Beschränkungen, ohne daß sie formell angeordnet sind. „Der Status wird damit eine Grundlage für das Verhalten. Der Status eines Menschen legt fest, was er sich erlauben kann bzw. was „ein Mann in seiner Stellung" sich erlauben darf. Status wird auch zum Zugehörigkeitskriterium bei informellen Gruppen" [65, S. 51].

Mayntz unterscheidet zwischen Statusprivilegien und Statussymbolen. Ihre Zahl ist beinahe unerschöpflich. Dazu gehören die Lage, die Größe, die Einrichtung und Qualität der Büros für die verschiedenen Führungsgruppen, ebenso wie die Benutzung bestimmter Einrichtungen des Casinos, die Qualität des Hotels, das auf Reisen benutzt werden muß, die Wohngegend, in der man seine Mietwohnung oder das eigene Haus besitzt und selbstverständlich die Größe des Dienstwagens. „Status-Privileg ist auch der Parkplatz für den eigenen oder den Dienstwagen. Eine Ausweismarke, mit der ihn der Pförtner passieren läßt, hebt den Manager übers Gros der Angestellten. Solange aber noch kein Stellplatz mit dem Nummernschild des eigenen Wagens reserviert wird, gehört der Karrierist noch zum Durchschnitt" [62, S. 50].

2.7.5.2 *Vor- und Nachteile*

Privilegien und Symbole des Status können zum Ausdruck bringen, daß ihr Träger sichtbar eine bestimmte Position einnimmt, daß er einen bestimmten Rang hat, womit zugleich die allgemeine Zuständigkeit klargestellt ist. Allerdings sind damit entsprechende Erwartungen verbunden, die erfüllt werden müssen. Statusprivilegien und Symbole können unter Umständen auch für die persönliche Leistung von Bedeutung sein. Für Menschen, die ein starkes Anerkennungsbedürfnis haben, kann das Statussymbol besonderen Leistungsanreiz bedeuten.

Zu den Nachteilen gehört, daß es zu frustrierenden Statusverlusten kommen kann, wenn z. B. der Vorstand einer Aktiengesellschaft, die durch Fusion eine Betriebsabteilung wird, nur noch die Position des Direktors im unselbständigen Unternehmensbereich hat. Das Statussystem tendiert auf die Dauer auch zu einer Fehleinschätzung des Positionsinhabers. Es kann die Zirkulation der Führungskräfte ungebührlich behindern. Ebenso kann durch ein übersteigertes Statussystem die Bürokratie erweitert werden und damit das Unternehmen für aktive selbständige Persönlichkeiten unattraktiv machen. Das ist vor allem der Fall, wenn das Statussystem die symbolmäßige Funktion über das zulässige Maß hinaus steigert, wenn z. B. abgestufte Büroausstattungen, unterschiedliche Autotypen, Ausstattung mit Titeln usw. zu einer Hypertrophie geworden sind. Damit begrenzt das Statussystem schließlich die Anpassungsfähigkeit der Unternehmungsorganisation an Umweltveränderungen [4, S. 243].

Ein anderes Problem entsteht, wenn zwischen dem Inhaber eines bestimmten Führungsrangs und seinem Status, also der Wertschätzung in der Unternehmung, zu große Differenzen bestehen. Nach *Barnard* lassen sich solche Diskrepanzen auf verschiedene Ursachen zurückführen. Dazu gehören erstens Unterschiede in den Fähigkeiten. Da Führungskräfte Menschen sind, haben sie verständlicherweise unterschiedliche Befähigungen, was durch Erziehung und Ausbildung bedingt sein kann. Hinzu kommen ebenso mögliche Unterschiede aus der psychologischen Struktur, z. B. unterschiedliche Vitalität, Reaktionsfähigkeit usw. Wenn solche Unterschiede z. B. in der Stufe der Direktoren oder der Vorstände einer großen Unternehmung bestehen, führen sie mehr oder weniger zwangsläufig zu einer unterschiedlichen Bewertung des Positionsinhabers durch die Mitarbeiter, unter Umständen auch durch Außenstehende. In der Praxis machen sich solche Diskrepanzen manchmal in recht globalen und einfachen Urteilen bemerkbar.

Zweitens sind Unterschiede in den Schwierigskeitsgraden der verschiedenen Tätigkeiten zu nennen. Es ist immer wieder anzutreffen, daß unterschiedliche Schwierigkeitsgrade bei einzelnen

Leitungsfunktionen schnell zu einem Urteil führen, das der tatsächlichen Leistung des Stelleninhabers nicht gerecht wird. Ist z. B. der Leiter des Verkaufs ein reger und besonders aktiver Typ, was seiner Aufgabe gemäß ist, und steht daneben auf der gleichen Rangstufe der Leiter des Rechnungswesens, der bedachter und zurückhaltender ist, kann unter Umständen der Leiter des Verkaufs in der allgemeinen Wertschätzung höherstehen. Eine dritte Ursache unterschiedlicher Rolleneinschätzung ist die oft nicht einheitliche Bedeutung, die einer Leitungsaufgabe zugemessen wird. Es handelt sich dabei meist um traditionelle Wertungen, die sich aus der Firmengeschichte ergeben, die aber auch insgesamt durch die gesellschaftliche Arbeitsteilung bedingt sein können. Es sei hier nur hingewiesen auf die oft unterschiedliche Beurteilung von Positionen des Technikers gegenüber denen des Kaufmanns oder des Kaufmanns gegenüber dem im Personalwesen Tätigen.

Für die Unternehmungsorganisation ist es ohne Zweifel wichtig, daß die skizzierten Diskrepanzen vermieden oder jedenfalls auf ein Minimum reduziert werden. Sind die Mängel noch mit einer übersteigerten Verwendung von Statussymbolen verbunden, kann es zu vielfältigen Störungen kommen, deren wahre Ursachen oft nicht sofort erkannt werden. Es ist immer wieder erstaunlich, wieviele wertvolle Kräfte ihre Zeit mit solchen Konflikten vergeuden. Für die Praxis ist es deshalb wichtig, sich die Erkenntnisse der Soziologie und Psychologie zunutze zu machen, „um daraufhinzuwirken, daß die informellen Phänomene, gleich welcher Art, nicht zu Hemmnissen für die Unternehmung werden" [3, S. 98].

2.7.6 Abhängigkeiten von der Unternehmungstradition

Organisatorische Maßnahmen werden oft bewußt oder unbewußt von informellen Beziehungen besonderer Art, überlieferten Verhaltensweisen beeinflußt. *Schmalenbach*, der sich mit den verschiedenen Abhängigkeiten der Betriebsorganisation auseinandergesetzt hat, charakterisiert den Einfluß der Tradition als Abhängigkeit von der Vorgeschichte (100, S. 15).

Sie gilt in erster Linie für den technischen Bereich, ist aber auch für die kaufmännische und nicht zuletzt für die personelle Organisation von Bedeutung. Traditionelle Beziehungen können sich ebenso auf die Geschäftsführung beziehen wie auch auf die Mitarbeiter in einzelnen Bereichen und in ihrer Gesamtheit.

Überliefertes Verhalten ist zumeist bei der zentralen Problematik jeder Unternehmungsorganisation, der zentralisierten oder dezentralisierten Führungsorganisation, anzutreffen. Das gilt für Familienunternehmungen ebenso wie für Publikums-Aktiengesellschaften. In Familienunternehmungen wird die Unternehmungstradition oft sehr gepflegt und ist dann zugleich ein Stück Kontinuität in der Unternehmungsführung. Aber auch in großen Aktiengesellschaften kann die Unternehmungsgeschichte für die Führungsorganisation von Einfluß sein. In der Mitte der 70er Jahre wurde diese Problematik in der Öffentlichkeit im Zusammenhang mit dem Führungswechsel in den deutschen Großbanken erörtert. Speziell ging es um die Wahl der neuen Sprecher im Vorstand. Eine der Banken geht dabei wieder auf das vor Jahren schon einmal erprobte Rezept zurück, zwei Sprecher zu bestellen. *Rudolf Herlt*, der sich in der Wochenschrift „DIE ZEIT" (Nr. 16, 9. April 1976) damit eingehend auseinandersetzt, vergleicht ihre Organisation mit einer Republik mit langer demokratischer Tradition, die sich auch unter zwei Sprechern nicht ändern wird. In der anderen Großbank sieht er eine Republik, die gerade eine Verwaltungsreform hinter sich hat, deren demokratische Sprechertradition aber nur bis 1966 zurückreicht.

Was für die Unternehmungsspitze gilt, trifft oft ebenso für Teilbereiche der Unternehmung wie für einzelne kaufmännische Abteilungen oder technische Betriebe zu. Sind z. B. in einer Verwaltungsabteilung jahrzehntelang ausschließlich Frauen beschäftigt gewesen, ist eine solche personelle Zusammensetzung mehr oder weniger festgeschrieben. Ähnliche „Zwänge" gibt es im Hinblick auf die Ausbildungsvoraussetzungen für Beschäftigung in einzelnen Bereichen der Unternehmung. Das kann sich ebenso auf die Bevorzugung des sogenannten

Praktikers wie auch des an Fachhochschulen oder Universitäten ausgebildeten Mitarbeiters beziehen.

Kritisch anzumerken ist, daß personelle Abhängigkeiten aus der Unternehmungstradition dazu führen können, daß sie überholte Erkenntnisse konservieren. Für den außenstehenden Organisator äußert sich das bei Änderungsvorschlägen in den Standardargumenten, daß man das immer so gemacht oder noch nie so gemacht habe. In mancher Familiengesellschaft kann überliefertes, in Personen verkörpertes Denken dazu führen, daß der Anschluß an neue technische Entwicklungen nicht rechtzeitig gefunden wird. Ein mit der Familientradition zusammenhängendes Solidaritätsgefühl der Eigentümer-Geschäftsführer bringt es mit sich wie einzelne Zusammenbrüche von Unternehmungen zeigen, daß z. B. notwendige Überwachungsfunktionen des Rechnungswesens nicht mit der erforderlichen Aktivität und Konsequenz gegenüber den Mitgesellschaftern ausgeführt werden. Abschließend sei ein Satz von *Schmalenbach* zitiert, der sicherlich von allen Beteiligten akzeptiert werden dürfte. „Gutes Organisieren ist eine Verständigung zwischen Hergebrachtem und neuen Zielen“ (100, S. 14).

Schlußbemerkung

Die Ausführungen über die formelle und informelle Unternehmungsorganisation könnten leicht den Eindruck hinterlassen, der Mensch als äußerst differenziertes Lebewesen, das er nun einmal ist, stelle letztlich doch alle wissenschaftlichen Erkenntnisse und praktischen Erfahrungen über die Zweckmäßigkeit organisatorischer Regelungen infrage. Darin bestätigt sich nur aus soziologischer Sicht, daß die Arbeit des Menschen in der Unternehmung über den technisch-wirtschaftlichen Vorgang hinaus zugleich ein sozialer Prozeß ist. Er wird bestimmt sowohl von der Haltung der beteiligten Menschen wie von der jeweils gegebenen Situation. Die Summe der in der Unternehmung mehr oder weniger regelmäßig ablaufenden Prozesse ergibt daher nicht nur eine Zweck-Mittel-bezogene Struktur, sondern zugleich ein soziales Gebilde.

Wer in der unternehmerischen Praxis für Führungsaufgaben verantwortlich ist, wird sich jetzt vielleicht bestätigt fühlen in seiner Auffassung, es komme eben nur darauf an, abseits aller grauen Theorie ganz aus der jeweiligen Situation heraus das Richtige zu tun. Umgekehrt könnte der theoretisch denkende Wissenschaftler sich angespornt fühlen, seine empirischen Untersuchungen über organisatorische Zusammenhänge zu erweitern, um immer noch bessere Erkenntnisse über die betrieblichen Strukturen und Interaktionen zu gewinnen. So verständlich beide Reaktionen sind, kann schließlich doch keine für sich allein bestehen.

In den Unternehmungen hochentwickelter Industriestaaten werden nur solche organisatorischen Lösungen auf Dauer bestehen, die sowohl von der Wissenschaft als auch von der Praxis her gründlich abgestützt sind. Dazu müssen alle Beteiligten „aufeinander zudenken". So besitzen z. B. bei der Besetzung von Führungsstellen die verfügbaren Kräfte nicht immer das vollständige Eignungsprofil, das nach den Organisationsprinzipien für die Aufgabenanalyse und -synthese zu fordern ist. Nachteilig wäre es jedoch, deshalb generell auf die analytische Aufgabengliederung zu verzichten. Gewiß liegt es in einer polarisierten Welt wie der unseren für den einzelnen nahe, sich bei seiner Arbeit ständig nur in den eigenen Kategorien zu bewegen. Aber mag es auch beschwerlich sein, theoretische Erkenntnisse immer neu mit den Erfahrungen der Praxis zu vereinen – gerade in der Unternehmungsorganisation –, sollte diese Mühe nicht gescheut werden. Wir meinen, auch hier gilt entsprechend, was Goethe von seiner dritten Schweizer Reise 1797 in einem Brief an Schiller im Zusammenhang mit Betrachtungen über die verschiedenen Künste schrieb, „daß eine vollständige Erfahrung die Theorie in sich enthalten muß".

Literatur

[1] *Allen, Louis A.:* Management und Organisation. Gütersloh 1958.

[2] *Arbeitskreis Hax der Schmalenbach-Gesellschaft:* Wesen und Arten unternehmerischer Entscheidungen. In: Zeitschrift für betriebswirtschaftliche Forschung 16 (1964).

[3] *Arbeitskreis Krähe der Schmalenbach-Gesellschaft:* Organisation der Geschäftsführung. 2. Aufl. Opladen 1971.

[4] *Barnard, Chester I.:* Organisation und Management. Stuttgart 1969.

[5] *Barnard, Chester I.:* The Functions of the Executive. Dt.: Die Führung großer Organisationen. Essen 1970.

[6] *Baumgarten, Reinhard:* Das *Maslow*-Konzept: Wunschbild oder Wirklichkeit. In: Zeitschrift für Organisation 44 (1975).

[7] *Bihl, Gerhard:* Von der Mitbestimmung zur Selbstbestimmung. Das skandinavische Modell der selbststeuernden Gruppen. München 1973.

[8] *Blume, Otto:* Annahmen und Wirklichkeit einer Betriebsverfassung. Tübingen 1964.

[9] *Bruns, Irmgard:* Entwicklung und Darstellung eines funktionalen Organisationsmodells für Industriebetriebe (RKW-Projekt A 80).

[10] *Campbell, John B., Marvin D. Dunett, Edward E. Lawler III.* u. *Karl E. Weick jr.:* Managerial Behavior, Performance, and Effectiveness. New York 1970. Nach: *Erwin Grochla:* Organisationstheorie. Bd. 1. Stuttgart 1975.

[11] *Dahrendorf, Ralf:* Sozialstruktur des Betriebes. Wiesbaden 1959.

[12] *Davis, R. C.:* The Fundamentals of Top Management. New York 1951.

[13] *Dederra, Erich:* Das „Motivationswunder" von Cleveland/Ohio. In: Fortschrittliche Betriebsführung 1975.

[14] Der Unternehmer und sein Nachfolger. In: Der selbständige Unternehmer 12, Bonn 1956.

[15] *Diederich, Helmut:* Allgemeine Betriebswirtschaftslehre I. In: Schaeffers Grundriß des Rechts und der Wirtschaft. Abteilung III: Wirtschaftswissenschaften. Stuttgart, Düsseldorf 1969.

[16] *Drucker, Peter F.:* Die Kommunikations-Lücke. In: Manager-Magazin 1, November 1971.

[17] *Dullien, Manfred:* Flexible Organisation – Praxis, Theorie und Konsequenzen des Projekt- und Matrix-Management. Opladen 1972.

[18] *Fabricius, Kraft, Thiele, Wiese:* Betriebsverfassungsgesetz. Gemeinschaftskommentar. Hier: *Thiele, Wolfgang* Einleitung. Neuwied, Berlin 1973.

[19] *Fässler, Klaus:* Betriebliche Mitbestimmung. Verhaltenswissenschaftliche Projektionsmodelle. Wiesbaden 1970.

[20] *Fayol, Henri:* Allgemeine und industrielle Verwaltung. München, Berlin 1929.

[21] *Foltz, Roy G.:* Management by Communications. München 1975.

[22] *Frese, Erich:* Einflußgrößen internationaler Umstrukturierungsprozesse. In: Zeitschrift für Organisation 38 (1969).

[23] *Frese, Erich:* Koordination von Entscheidungen in Sparten-Organisationen. In: Betriebswirtschaftliche Forschung und Praxis 27 (1975), Heft 3.

[24] *Gasser, Christian:* Aufgabe und Organisation der Unternehmensleitung. In: Industrielle Organisation 30 (1961).

[25] *Gasser, Christian:* Unternehmensführung im Strukturwandel – Krise der Dynamik? Düsseldorf, Wien 1972.

[26] *Gater, Rudolf:* Schafft Stabsstellen in den Betrieben! In: Das rationelle Büro. 1955.

[27] Gewerkschaftliche Ansatzmöglichkeiten zur Humanisierung der Arbeit. In: WSI-Mitteilungen. Zeitschrift des Wirtschafts- und Sozialwissenschaftlichen Instituts des Deutschen Gewerkschaftsbundes 1974.

[28] *Gläss, S.:* Information und Management. Kritik eines kritischen Verhältnisses. In: Neue Züricher Zeitung, Nr. 249 vom 10. 9. 1970.

[29] *Grochla, Erwin:* Unternehmungsorganisation. Neue Ansätze und Konzeptionen. Reinbek bei Hamburg 1972.

[30] *Grochla, Erwin:* Organisationstheorie. Bd. 1. Stuttgart 1975.

[31] *Gutenberg, Erich:* Unternehmensführung. Organisation und Entscheidungen. Wiesbaden 1962.

[32] *Gutenberg, Erich:* Grundlagen der Betriebswirtschaftslehre. Bd. 1: Die Produktion. 10. Aufl. Berlin, Heidelberg, New York 1965.

[33] *Hackstein, Rolf:* Informationen und Fragen zu Herzbergs Dualitätstheorie. In: Fortschrittliche Betriebsführung 1974.

[34] *Harms, Bernhard:* Arbeit. In: Handwörterbuch der Staatswissenschaften. Bd. 1. 4. Aufl. Jena 1923.

[35] *Hartmann, Heinz:* Funktionale Autorität. Systematische Abhandlung zu einem soziologischen Begriff. Stuttgart 1964.

[36] *Hasenack, Wilhelm:* Betriebliche Kategorien. Konzeption und Grundriß von Seinskategorien und allgemeinen Handlungsprinzipien im Betriebsleben. In: Zeitschrift für Betriebswirtschaft 22 (1952).

[37] *Hax, Karl:* Mitbestimmung als organisatorisches Problem in der Unternehmenswirtschaft. In: Wissenschaft und Praxis. Festschrift zum 20jährigen Bestehen des Westdeutschen Verlages 1967. Köln, Opladen 1967.

[38] *Hegi, Othmar:* Projekt-Management – ein Fremdkörper in der Stab-Linien-Organisation. In: Industrielle Organisation 40 (1971).

[39] *Heinen, Edmund:* Einführung in die Betriebswirtschaftslehre. Wiesbaden 1968.

[40] *Hennig, Karl Wilhelm:* Einführung in die betriebswirtschaftliche Organisationslehre. 4. Aufl. Wiesbaden 1965.

[41] *Hill, Wilhelm, Raymond Fehlbaum* und *Peter Ulrich:* Organisationslehre 1. Bern, Stuttgart 1974.

[42] *Hill, Wilhelm, Raymond Fehlbaum* und *Peter Ulrich:* Organisationslehre 2. Bern, Stuttgart 1974.

[43] *Hirzel, Matthias:* Phasenorientierte Projektorganisation. In: Zeitschrift für Organisation 44 (1975).

[44] *Höhn, Reinhard:* Die Führung mit Stäben in der Wirtschaft. Bad Harzburg 1961.

[45] *Höhn, Reinhard:* Die Stellvertretung im Betrieb. Bad Harzburg 1964.

[46] *Höhn, Reinhard:* Führungsbrevier der Wirtschaft. Bad Harzburg 1967.

[47] *Höhn, Reinhard:* Ressortlose Unternehmensführung. Bad Harzburg 1972.

[48] *Hoffmann, Friedrich:* Organisation – Umwelt – Beziehungen in der Organisationsforschung – Klassische und neoklassische Organisationstheorien. In: Wirtschaftswissenschaftliches Studium 4 (1975).

[49] *Irle, Martin:* Macht und Entscheidungen in Organisationen. Studie gegen das Stab-Linien-Prinzip. Frankfurt 1971.

[50] *Jochimsen, Reimut:* Zum Aufbau und Ausbau eines integrierten Aufgabenplanungssystems und Koordinationssystems der Bundesregierung. In: Bulletin des Presse- und Informationsamtes der Bundesregierung Nr. 97, vom 16. 7. 1970.

[51] *Kalveram, Wilhelm:* Der christliche Gedanke in der Wirtschaft. Köln 1949.

[52] *Kilger, Wolfgang:* Der Faktor Arbeit im System der Produktionsfaktoren. In: Arbeit und Lohn als Forschungsobjekt der Betriebswirtschaftslehre. Zeitschrift für Betriebswirtschaft, Sonderdruck. Wiesbaden 1962.

[53] *Klaus, Hans G.:* Die Bedeutung von Konflikten für das Management von Projekten. In: Angewandte Informatik 1974.

[54] *Kosiol, Erich:* Organisation der Unternehmung. Wiesbaden 1962.

[55] *Kosiol, Erich:* Die Unternehmung als wirtschaftliches Aktionszentrum. Einführung in die Betriebswirtschaftslehre. Reinbek bei Hamburg 1966.

[56] *Koubek, Norbert:* Sechs Stufen auf drei Ebenen. In: Wirtschaftswoche. 27 (1973), Nr. 29 vom 13. 7. 1973.

[57] *Krähe, Walter:* Gedanken zu den Beziehungen zwischen sekundärer und primärer Geschäftsführung. In: Zeitschrift für betriebswirtschaftliche Forschung 16 (1964).

[58] *Krüger, Wilfried:* Konfliktsteuerung als Führungsaufgabe. München 1973.

[59] *Likert, Rensis:* Neue Ansätze der Unternehmensführung. Bern, Stuttgart 1972.

[60] *Luhmann, Niklas:* Soziale Kommunikation. In: Handwörterbuch der Organisation. Stuttgart 1969.

[61] *Luhmann, Niklas:* Funktionen und Folgen formaler Organisation. 2. Aufl. Berlin 1972.

[62] Manager-Symbole. Der Kult der Karriere. In: Wirtschaftswoche 29 (1975), Nr. 50 vom 5. 12. 1975.

[63] *Marx, Fritz Morstein:* Zum Ursprung des Stabsbegriffs in den Vereinigten Staaten: Zuwanderung und Anpassung. In: Verwaltungsarchiv 55 (1964).

[64] *Marx, Fritz Morstein:* Stabsorganisation im Großbetrieb: Amerikanische Gesichtspunkte. In: Zeitschrift für betriebswirtschaftliche Forschung 17 (1965).

[65] *Mayntz, Renate:* Die soziale Organisation des Industriebetriebes. Stuttgart 1958.

[66] *Mayntz, Renate* (Hrsg.): Bürokratische Organisation. Köln, Berlin 1968.

[67] *Mayntz, Renate:* Organisationssoziologie. In: Handwörterbuch der Organisation. Stuttgart 1969.

[68] *Meier, Albert:* Rationelle Führung und Leitung in der Unternehmung. Stuttgart 1957.

[69] *Meier, Albert:* Organisation der Unternehmungsführung. Stuttgart 1965.
[70] *Neuloh, Otto:* Die deutsche Betriebsverfassung und ihre Sozialformen bis zur Mitbestimmung. Tübingen 1956.
[71] *Nicklisch, Heinrich:* Der Weg aufwärts! Organisation. Stuttgart 1920.
[72] *Nicklisch, Heinrich:* Wirtschaftliche Betriebslehre. 6. Aufl. Stuttgart 1922.
[73] *Nordsieck, Fritz:* Rationalisierung der Betriebsorganisation. Stuttgart 1955.
[74] *Oberhoff, E.:* Eine Lanze für die Fließarbeit. In: REFA-Nachrichten, Heft 26 (1973).
[75] Organisationsbrevier. Schriftenreihe des Instituts für Betriebswirtschaft an der Handelshochschule St. Gallen. 3. Aufl. 1960.
[76] *Osterloh, Jürgen,* und *Wilhelm P. Winterstein:* Integration der Planung im Rahmen eines Management-Informations-Systems. In: AGPLAN-Handbuch zur Unternehmensplanung. Bd. 2, Berlin 1970, Kennzahl 7102.
[77] *Poensgen, Otto H.:* Geschäftsbereichsorganisation. Opladen 1973.
[78] *Potthoff, Erich:* Leitungsorganisation deutscher Großunternehmungen im Vergleich zum westlichen Ausland. In: Zeitschrift für handelswissenschaftliche Forschung 8 (1956).
[79] *Potthoff, Erich:* Vom Hauptbuch zum Schaltbrett der Unternehmungsführung. In: Der Betrieb 14 (1961).
[80] *Potthoff, Erich:* Die funktionelle Organisation im wachsenden Industriebetrieb. In: Zeitschrift für betriebswirtschaftliche Forschung 16 (1964).
[81] *Potthoff, Erich:* Chefnachfolge: Der Junior kommt. In: PLUS. Zeitschrift für Unternehmensführung, Heft 4, 1 (1967).
[82] *Potthoff, Erich:* Stabsstellen in der Unternehmungsorganisation. In: Zeitschrift für betriebswirtschaftliche Forschung 19 (1967).
[83] *Potthoff, Erich:* Rationalisierung des Entscheidungsprozesses in der Unternehmung. In: Die Wirtschaftsprüfung 22 (1969).
[84] *Potthoff, Erich:* Betriebliches Personalwesen. Berlin, New York 1974.
[85] *Potthoff, Erich:* Die Entwicklung der Organisation des Finanzwesens in Deutschland. In: Handbuch des Controlling und Finanzmanagement. München 1975.
[86] *Potthoff, Erich, Heinrich Zintzen* und *Karl Halft:* Handbuch

der Gesellschaftsverträge in Personalgesellschaften. Köln, Opladen 1965.

[87] Projektgruppe im WSI: Grundelemente einer Arbeitsorientierten Einzelwirtschaftslehre. WSI-Studie zur Wirtschafts- und Sozialforschung. Nr. 23, Köln 1974.

[88] *Raiser, Thomas:* Das Unternehmen als Organisation. Kritik und Erneuerung der juristischen Unternehmenslehre. Berlin 1969.

[89] *REFA*-Methodenlehre des Arbeitsstudiums. Teil 1. München 1971/75.

[90] *REFA*-Methodenlehre des Arbeitsstudiums. Teil 3. München 1975.

[91] *Riester, W.:* Die Organisation. In: *W. Prion:* Die Lehre vom Wirtschaftsbetrieb. 3. Buch. Berlin 1936.

[92] *Rippe, Wolfgang:* Organisation und Personalwesen. Düsseldorf 1971.

[93] *Risse, Winfried:* Begriff der Organisation. In: Handwörterbuch der Organisation. Stuttgart 1969.

[94] *Rohrbach, Bernd:* Synektik hilft Probleme lösen. In: PLUS. Zeitschrift für Unternehmensführung. Heft 5, 2 (1968).

[95] *Rosenstiel, Lutz von:* Motivation im Betrieb. München 1972.

[96] *Rühl, G.:* Untersuchungen zur Arbeitsstrukturierung. In: Industrial Engineering. Zeitschrift für moderne Methoden der wirtschaftlichen Betriebsführung, 1973.

[97] *Rühli, Edwin:* Unternehmungsführung und Unternehmungspolitik 1. Bern und Stuttgart 1973.

[98] *Schär, Johann Friedrich:* Allgemeine Handelsbetriebslehre. Bd. 1. 5. Aufl. Leipzig 1923.

[99] *Schelsky, Helmut:* Industrie- und Betriebssoziologie. In: Soziologie. Lehr- und Handbuch zur modernen Gesellschaftskunde. Hrsg. von *Arnold Gehlen* und *Helmut Schelsky.* Düsseldorf, Köln 1955.

[100] *Schmalenbach, Eugen:* Über Dienststellengliederung im Großbetriebe. Köln, Opladen 1959.

[101] *Schönfeld, Hanns-Martin:* Führungsausbildung im Betrieb. Wiesbaden 1961.

[102] *Schramm, Walter:* Die betrieblichen Funktionen und ihre Organisation. Berlin 1936.

[103] *Schulte, Bernd, Wilhelm Dörken, Hans-Jochen Krankenhagen* u. a.: Die arbeitswissenschaftlichen Gesichtspunkte des Betriebsverfassungsgesetzes — Ideal und Wirklichkeit. Berlin, Köln, Frankfurt am Main 1974.

[104] *Seyffert, Rudolf:* Der Mensch als Betriebsfaktor. Eine Kleinhandelsstudie. Stuttgart 1922.
[105] *Seyffert, Rudolf:* Über Begriff, Aufgaben und Entwicklung der Betriebswirtschaftslehre. 4., neubearb. Aufl. Stuttgart 1957.
[106] *Smith, Adam:* Der Reichtum der Nationen. Bd. 1. Leipzig 1910.
[107] *Sommer, Klaus:* Die Bedeutung interpersonaler Beziehungen für die Organisation der Unternehmung. Berlin 1968.
[108] *Spiller, Kurt:* Interne Revision und Controlling. Praktische Erfahrungen in einem deutschen Unternehmen. In: Zeitschrift für Interne Revision 10 (1975).
[109] *Staehle, Wolfgang H.:* Die Stellung des Menschen in neueren betriebswirtschaftlichen Theoriesystemen. In: Zeitschrift für Betriebswirtschaft 45 (1975).
[110] *Szyperski, Norbert:* Unternehmensführung als Objekt und Adressat der Betriebswirtschaftslehre. In: Unternehmungsführung. Festschrift für *Erich Kosiol* zu seinem 75. Geburtstag. Hrsg. von *Jürgen Wild.* Berlin 1974.
[111] *Taylor, Frederick Winslow:* Shop management. Dt.: Die Betriebsleitung. Berlin 1909.
[112] *Ulrich, Eberhard, Peter Groskurt* und *Agnes Bruggemann:* Neue Formen der Arbeitsgestaltung. Möglichkeiten und Probleme einer Verbesserung der Qualität des Arbeitslebens. Frankfurt am Main 1973.
[113] *Ulrich, Hans:* Betriebswirtschaftliche Organisationslehre. Bern 1949.
[114] *Ulrich, Hans:* Kompetenz. In: Handwörterbuch der Organisation. Stuttgart 1969.
[115] *Ulrich, Hans:* Die Unternehmung als produktives soziales System. Grundlagen der allgemeinen Unternehmungslehre. 2. Aufl. Bern, Stuttgart 1970.
[116] *Wächter, Hartmut:* Die betrieblichen Kategorien Hasenacks im Lichte eines Systemkonzepts des Betriebes. In: Betriebswirtschaftliche Forschung und Praxis 23 (1971).
[117] *Wardenberg, J.:* Trennung und Identität von Kompetenz- und Kommunikationssystem im Rahmen der Unternehmensorganisation. In: Zeitschrift für Betriebswirtschaft 33 (1963).
[118] *Weber, Max:* Wirtschaft und Gesellschaft. In: Grundriß der Sozialökonomik, III. Abteilung. Tübingen 1922.
[119] *Wehner, Hans:* Stab und Linie können besser zusammenarbeiten. In: Rationalisierung 13 (1962).
[120] *Werth, Heinz-Jürgen:* Vorstand und Aufsichtsrat in der Aktiengesellschaft. Düsseldorf 1960.

[121] *Wiese, Leopold von:* Ethik – in der Schauweise der Wissenschaften vom Menschen und von der Gesellschaft. Bern 1947.

[122] *Wiese, Leopold von:* System der Allgemeinen Soziologie als Lehre von den sozialen Prozessen und den sozialen Gebilden der Menschen (Beziehungslehre). 2., neubearb. Aufl. München u. Leipzig 1933.

[123] *Wiethölter, Rudolf:* Interessen und Organisation der Aktiengesellschaft im amerikanischen und deutschen Recht. Karlsruhe 1961.

[124] *Wild, Jürgen:* Produkt-Management. München 1972.

[125] *Wild, Jürgen:* Organisation und Hierarchie. In: Zeitschrift für Organisation 42 (1973).

[126] *Wirtz, Carl:* Die betriebswirtschaftlichen Grundlagen und Formen der Betriebsführung. In: Die Wirtschaftsprüfung 2 (1948).

[127] *Wistinghausen, Jochen:* Unternehmensleitung und Betriebsrat, Grundsätze und Möglichkeiten einer Zusammenarbeit. In: Soziale Betriebs-Praxis, ergänzbares Handbuch für die betriebliche Praxis, hrsg. von *Dr. Jochen Wistinghausen.* B. 1.

[128] *Witte, Eberhard:* Phasen-Theorem und Organisation komplexer Entscheidungsverläufe. In: Zeitschrift für betriebswirtschaftliche Forschung 20 (1968).

[129] *Witte, Eberhard:* Ablauforganisation. In: Handwörterbuch der Organisation. Stuttgart 1969.

[130] *Witte, Eberhard:* Entscheidungsprozesse. In: Handwörterbuch der Organisation. Stuttgart 1969.

[131] *Wittmann, Waldemar:* Unternehmung und unvollkommene Information. Köln, Opladen 1959.

[132] *Wöhe, Günter:* Betriebswirtschaftslehre. Entwicklungstendenzen der Gegenwart. In: Handwörterbuch der Betriebswirtschaft. 4., völlig neu bearb. Aufl. Stuttgart 1974.

[133] *Zimmermann, Karl:* Die Projektgruppe als Organisationsform zur Lösung komplexer Aufgaben. In: Zeitschrift für Organisation 39 (1970), Heft 2.

Sachregister

Personenregister

FSC
www.fsc.org
MIX
Papier | Fördert
gute Waldnutzung
FSC® C083411

Kolibri 360 GmbH
Ferdinand-Jühlke-Straße 7
99095 Erfurt, Deutschland
produktsicherheit@kolibri360.de